企业家成长启示录

QI YE JIA CHENG ZHANG QI SHI LU

巴菲特

传奇的投资之神

信自力◎编著

中国社会出版社
国家一级出版社★全国百佳图书出版单位

《企业家成长启示录》编委会

写在前面的话

那是1800年，爱尔兰裔法国著名经济学家理查德·坎蒂隆著作了《商业性质概论》一书，他在该书中首次对“企业家”进行了定义，阐释企业家是专门承担风险的人。

后来，奥地利著名政治经济学家约瑟夫·熊彼特在所著《资本主义、社会主义与民主》中指出，企业家就是创新者，就是不断探索新的可能方案，不断寻找新的意义所在，不断发现新的实现自我的途径。按照他的定义，企业家的内涵和外延要广泛得多，不仅包括在交换经济中通常所称的生意人，也包括公司雇佣人员，例如经理、董事会成员等。

美国著名企业家克雷格·霍尔在所著《负责任的企业家》中指出，企业家是做实事的人，是冒险家，是风险承担者，他们对朋友、商界伙伴和社会是负责任的。也就是说，企业家不仅是社会革新者，更是社会责任与信用关系的维护者，并且致力于改进社会。

总之，“企业家是不断在经济结构内部进行‘革命突变’，对旧的生产方式进行‘创造性破坏’，实现经济要素创新组合的人。”他们创造物质财富，推动社会不断进步，使得人们更加幸福。财富虽然只是一个象征，但它与人们的生活、国家的发展、民族的强盛等息息相关。

企业家也创造巨大的精神财富，他们在追求财富过程中所表现出来的创新、冒险、合作、敬业、学习、执着、诚信和服务等精神，值得我们每一个人学习。这种企业家精神是这个特殊群体的共同特征，也是他们独特的个人素质、价值取向以及思维模式，是他们行动的理性超越和精神升华。

当然，企业家是在创造财富的实际行动中，在点点滴滴的事例中体现出伟大精神的。我们在追寻他们成长发展的历程时就会发现，虽然他们成长发展的背景各不相同，但他们在一生中所表现出的辛勤奋斗和顽强拼搏的精神，则是殊途同归的。

写在前面的话

这正如美国著名思想家和文学家爱默生所说："伟大人物最明显的标志，就是他们拥有坚强的意志，不管环境怎样变化，他们的初衷与希望永远不会有丝毫的改变，他们永远会克服一切障碍，达到他们期望的目的。"同时，爱默生认为："所有伟大人物都是从艰苦中脱颖而出的。"

为此，我们特别推出了《企业家成长启示录》丛书，精选荟萃了现当代中外在钢铁、石油、汽车、船运、时装、娱乐、传媒、电脑、信息、商业、金融、投资等方面最具有代表性的企业家，主要以他们的成长历程和人生发展为线索，尽量避免冗长的说教性叙述，采用日常生活中富于启发的小故事来传达他们的精神。尤其着重表现他们所处时代的生活特征和他们建功立业的艰难过程。本套作品充满了精神的力量、创业的经验、经营的学问、管理的智慧以及财富的观念，相信我们广大读者一定会产生强烈的共鸣和巨大的启迪。

为了让广大读者更方便地了解和学习这些企业家，我们还增设了人物简介、经典故事、人物年谱和名人名言等相关内容，使本套作品更具可读性、指向性和知识性。为了更加形象地表现企业家的发展历程，我们还根据他们的成长线索，适当配图，使之图文并茂，形式新颖，以便更加适合读者阅读和收藏。

我们在编撰本套作品时，为了体现内容的系统性和资料的翔实性，参考和借鉴了国内外的大量资料和许多版本，在此向所有辛勤付出的人们表示衷心谢意。但仍难免出现挂一漏万或错误疏忽，恳请读者批评指正，以利于我们修正。我们相信广大读者通过阅读这些著名企业家的人生成长与成功故事，会更好地把握自我成长中的目标和关键点，直至开创自我的幸福人生！

人物简介

名人简介

沃伦·巴菲特（Warren buffet），1930 年 8 月 30 日，出生在美国内布拉斯加州的奥马哈市。

他从小就极具投资意识，1941 年，11 岁的巴菲特购买了平生第一张股票。

1947 年，巴菲特进入宾夕法尼亚大学，攻读财务和商业管理。两年后，巴菲特考入哥伦比亚大学金融系，拜师于著名投资理论学家本杰明·格雷厄姆。在格雷厄姆门下，巴菲特如鱼得水，为后来的发展打下了扎实的理论基础。

1956 年，巴菲特回到家乡创办“巴菲特有限公司”。1964 年，巴菲特的个人财富达到 400 万美元，而此时他掌管的资金已高达 2200 万美元。

1965 年，35 岁的巴菲特收购了一家名为伯克希尔—哈撒韦的纺织企业。1994 年底已发展成拥有 230 亿美元的伯克希尔工业王国，由一家纺纱厂变成巴菲特庞大的投资金融集团。

他的股票在 30 年间上涨了 2000 倍，而标准普尔 500 家指数内的股票平均才上涨了近 50 倍。

多年来，在《福布斯杂志》一年一度的全球富豪榜上，巴菲特一直稳居前三名。

成就与贡献

巴菲特是有史以来最伟大的投资家，他依靠股票和外汇市场的投资，成为世界上数一数二的富翁。他倡导的价值投资理论风靡世界。

巴菲特的财富是和伯克希尔分不开的。一度濒临破产的伯克希尔—哈撒韦公司，巴菲特接手之后，不仅很快起死回生，而且已成长为资产达1350亿美元的“巨无霸”。

如今，伯克希尔—哈撒韦公司旗下已拥有各类企业约50家，其中最主要的产业是以财产保险为主的保险业务。

此外，伯克希尔—哈撒韦公司还生产从油漆和毛毯到冰激凌等一系列产品，该公司同时持有诸如沃尔玛和宝洁等许多大型企业的股票。

地位与影响

巴菲特被外界称为美国投资家、企业家及慈善家，被称为股神，尊称为“奥马哈的先知”、“奥马哈的圣贤”，拥有约620亿美元的净资产。根据《福布斯杂志》公布的2008年度全球富豪榜，他已经超过比尔·盖茨成为全球首富。

巴菲特还热衷于慈善事业。2006年6月25日，他宣布：他将捐出总价达300多亿美元的私人财富投向慈善事业。巴菲特捐出的300多亿美元是美国迄今为止出现的最大一笔私人慈善捐赠。

比尔·盖茨曾经说：“他的笑话令人捧腹，他的饮食是一大堆汉堡和可乐，真是妙不可言。简而言之，我是个巴菲特迷。”

而在美国，巴菲特被国人称为“除了父亲之外最值得尊敬的男人”。

目录

巴菲特

继续书写神话

附录

爱经商的少年

要多发现机会，机会有时就藏在一些微小的事情之中。

——巴菲特

少年就参与经商

奥马哈犹如镶嵌在美国密苏里河西岸的一块宝石，这里到处充满着创业、能力、奋进等各种积极元素。

1930 年 8 月 30 日，一个男婴在奥马哈的一个家庭里出生了，他就是后来被誉为一代股神的沃伦·巴菲特。很巧妙的是，巴菲特从出生起就和股票有了一定的联系。他出生的年代，正是美国和整个西方资本主义世界都在经历大萧条的时代。

那时候，巴菲特的爸爸霍华德·巴菲特，正在联合州立银行干着一份股票经纪人的工作。当经济危机到来时，当地很多银行破产，人们开始保有现金，没人想要股票。作为一个经纪人，霍华德·巴菲特不敢给任何一位客户打电话，因为所有人的所有股票都跌得很惨。

当然，此时的巴菲特还很小，他还不知道股票对自己及家人的影响。在霍华德·巴菲特家中的 3 个孩子中，巴菲特排行老二，是家中唯一的儿子。这无疑使他获得了爸爸和妈妈更多的疼爱。

从最初开始，巴菲特就超乎年龄地谨慎。他学走路时总是弯着膝盖，仿佛这样可以保证他不会摔得太惨。

当妈妈带着巴菲特和他的姐姐多丽丝去教堂时，多丽丝会到处乱跑以至于走丢了，而巴菲特则会乖乖地坐在妈妈旁边。因此，小巴菲特常常被邻居们称为“一个很少带来麻烦的小孩”。

一晃两年过去了，巴菲特依然是那样的安静。当妈妈带着巴菲特去教堂参加定期聚会时，他很乐意静静地待在妈妈的旁边，一言不发。

有时候，妈妈临时给他一个玩具，比如一把牙刷，就能让他很高兴。他很安静地盯着牙刷，一盯就是两个小时。

两岁的巴菲特是个结结实实、皮肤白皙的小家伙。他常常穿着系白鞋带的小靴和白色短袜。他的头发开始是金黄色，后来变成了赭色，但他的性情却没有任何变化。

最明显的表现是，他从不在不熟悉的地方乱逛，也不惹是生非或寻衅滋事。

巴菲特的安静也曾令他的妈妈担心。妈妈就曾对人说："巴菲特太安静谨慎了，像他这样的男孩子，如果太老实可能会吃亏的。"

妈妈的担心很快就消失了。因为妈妈和周围的邻居发现，看似腼腆的巴菲特，实际上是一位很精明的小商人呢！

巴菲特小时候的那几年，也正是家里最困难的几年。当时爸爸霍华德是联合州立银行的证券销售商，而那时美国正处于萧条时期。

1931 年 8 月 13 日那天，也就是离巴菲特的周岁生日不到两周时，他的爸爸下班回家，带来了他的工作泡汤了、储蓄也落空了的噩耗。

巴菲特一家受到经济危机的打击，日子更加艰难了。也许正是这种艰难，激发了巴菲特做生意的欲望。

巴菲特长着一双蓝色的眼睛，他最喜欢的玩具是一个绑在手上的金属货币兑换器。他总是带着它四处走动，并且兑换零钱，儿时的巴菲特把兑换零钱当作是最有趣的游戏，并且百玩不厌。

当然他还喜欢做数学题，特别是涉及用极快的速度计算复利利息，他认为这是一种前所未有的而且是十分有趣的娱乐方式，接着他就开始了自己人生的经营之旅。

4 岁那年的圣诞节，巴菲特收到了一份礼物，一个很漂亮的钱包。从那时起，巴菲特就一直在想，怎么才能把自己的钱包填满呢？

在巴菲特 5 岁那年的一个春天，巴菲特开始去赚钱了。他有生以来第一次赚钱，是靠推销整包的口香糖。

那时候，巴菲特有一个绿色的小托盘，这是伊迪姑妈送给他的。

小托盘上面分成5个不同的部分，它能装5种不同牌子的口香糖：黄箭、白箭、绿箭等。

巴菲特首先从祖父那里买来整包的口香糖，然后在附近地区挨家挨户地推销。5岁的巴菲特还注意选择推销的时机，他通常在傍晚干这个事，这样推销成功的机会会多一些。

巴菲特做生意还很坚持原则。

一次，一个名叫弗吉尼亚·麦考伯利的女士对巴菲特说："给我来一片黄箭。"

巴菲特答道："我们是不拆开卖的。"

巴菲特自有他的打算，一包5片，每包是5美分，而这位女士想给他1美分买一片。做成一笔生意对他颇具诱惑力，但尚不足以让他改变主意。如果他卖给麦考伯利太太一片口香糖，就剩下了4片口香糖要卖给别人，相对于由这带来的麻烦和风险，这么做不值得。

一般情况下，卖出每一包口香糖，巴菲特能赚到两美分。这令他非常高兴，他会把这些沉甸甸的硬币攥在手中，然后再小心地把它放到自己的钱包里。

当然，具有经商意识的巴菲特，并不是一切商品都不愿意拆开卖，他愿意拆开卖的是可口可乐。

在夏天的晚上，巴菲特会挨家挨户地兜售可口可乐。他还坚持在家庭度假期间推销可口可乐，目标是艾奥瓦州奥科博吉湖湖畔晒日光浴的游客。

卖汽水比口香糖更赚钱，小巴菲特卖出6瓶汽水能挣到5美分。每卖完一瓶，他就把这些硬币骄傲地塞进挂在腰带上的荷包里。

北艾奥瓦的奥科博吉湖是个风光秀丽的地方，湖面波光云影，白帆点点；湖边群山连绵，郁郁葱葱。巴菲特6岁时，全家来到这里度假，租了一间小屋，准备过个快乐的假期。

一天，家里给了巴菲特一美元，让他到附近的杂货店去买些饮料和杂物。巴菲特人小鬼大，和杂货店老板很熟练地砍起了价。

“我在你这里买了很多东西，你应该给我一些折扣才对。这6听可乐就少算一些，给你每听5分钱吧，先生。”

老板很惊讶也很好笑地看着这个小男孩，答应了他的要求：“好吧，便宜一些卖给你。不过，你以后要常来啊！”

当天晚上，巴菲特就抱着6听可乐敲开了附近出租木屋的门，彬彬有礼地说：“太太，我是旁边那户人家的孩子。我这里有6听可乐，每听6美分，和杂货店里的价格一样，而且质量也一样好，你要不要买啊？这样就不必再特意去店里买了。”

开门的那位年轻太太惊奇得不得了，简直不敢相信自己的耳朵。“你这么小就做买卖，我怎么能相信你呢？”

巴菲特赶快向上挺了挺胸脯：“你知道我住在哪里，不相信我也应该信任我的父母。如果你不放心的话，可以先买两听试试看。”

那位太太真的很喜欢这位可爱的小推销商，微笑着抚摸了一下他的头发：“我已经买了许多饮料了。不过，嗯，我愿意再买两听可乐。”

就这样，巴菲特很快就以每听6分钱的价格卖出了这6听饮料，赚了足足有5分钱的利润。

晚上，巴菲特蹑手蹑脚地拉开自己家的门，突然“啪”的一声，灯光大亮，妈妈利拉和父亲霍华德都站在客厅里，生气地看着这个偷偷失踪的儿子。

“巴菲特，你干什么去了？”霍华德很严厉地问。

“哎，爸爸，我刚刚赚到了5美分呢！”巴菲特实在按捺不住内心的喜悦，兴奋地向父母讲述起自己的壮举。

“可是你知不知道我们很为你担心？”霍华德打断了他的话，语气一点儿也没见缓和。

巴菲特偷眼看看爸爸的脸色，低下了头。

“好了，他已经知道错了。让他去睡觉吧！”利拉心疼地为儿子擦去满头的大汗，向丈夫求情。巴菲特马上机灵地上前搂住父母的脖子，亲热地道了“晚安”，“咚咚”地跑进了自己的卧室。

他小心翼翼地将那5美分硬币装进钱包，轻轻摇了摇，美滋滋地藏在了枕头下面。这是他的第一笔“大生意”。巴菲特在脑海中一遍遍地回放着刚才推销可乐的情景，脸上带着甜蜜的笑容，心满意足地慢慢沉入了梦乡。

巴菲特的这个荷包是一个镀镍的荷包。这个荷包让他觉得自己很专业，常常做其他生意时，也带着这个荷包。

巴菲特赚钱的方法可多了。

到了夏天，他们几个小伙伴还到马场去捡别人丢弃的作废马票，即使上面沾满了泥巴，甚至有吐的痰，也照样捡起来，收集一大堆带回家。

他们等赛马结束，人流退尽后，团团围住看门人，要求进去开开眼界。作为回报的条件，他们可以帮忙打扫场地和看台。面对着那一张张写满恳求、布满笑意的小脸，没有一个看门人会拒绝孩子们的请求，只能目送他们像一群健壮的小马驹一样撒欢儿地奔进马场。

可这些管理员也许会感到奇怪，这群孩子并不像他们表现的那样对赛马场充满兴趣与向往，反倒对他们允诺承担的苦差任务热情高涨。他们毫不犹豫地跪趴在满是锯末儿的地面上，全神贯注地捡起一张张票根，把那些被撕破丢弃的存根翻过来，认真地与本场马赛的中奖号码核对着，希望有所发现。

这才是他们的真正目的所在，而其中那个戴大眼镜的男孩子是这一行动的精心谋划者与直接组织者。

“沃伦，我们真的能这样找到中奖的马票吗?”斯图尔特有些半信半疑地看着自己手中那一大堆捡起的废票根。

“不是所有人都那么细心的，他们或者是可能看漏了，或者是不小心丢掉了自己已经中奖的马票，那就是我们赚钱的机会!”巴菲特以不容置疑的口吻，再次阐述着这次行动的根据。

他环视一下几个跟随者，决定再给他们打打气，鼓鼓干劲："兄弟们，即使这样的机会是千分之一，想想，一场赛马会有几万人参加，最起码应该有几十张这样的马票在等着我们！"

他的鼓动果然有效，在这样的美好前景推动下，小家伙们的翻捡速度明显大大提高。不久，拜伦第一个应验了巴菲特的话，他兴高采烈地跑过来，挥动着手中那张残破的票根，大声嚷道："找到了，找到了，看我找到了一张末等奖，我发财了！"

赛马场迎来了最后一批兑奖者。他们一个个精疲力竭，脏兮兮的小脸蛋上挂满得意之色。为首的那个戴眼镜男孩的手中紧紧摇着数张马票。

他们从此成了赛马场的常客，经常上演这辉煌的兑奖一幕。尽管他们从未真正捡到头奖马票，发一笔梦想的大财，但每次都能捡到的几张末等奖已经足够让他们兴奋的了。

慢慢地，人们都知道巴菲特是成功的小商人了，巴菲特的妈妈再也不用为儿子的老实担心了。

当然，最高兴的还是巴菲特，他看到自己钱包里的硬币一天天多起来，心里别提多高兴了。

巴菲特的母亲头脑清楚、心计精明，父亲虽不热衷金钱，但仍在商业上获利颇丰。他不仅有公司的佣金收入，还拥有一家小型饲养公司，将自己的资产做了合理的投资分配，充分保障了全家人的经济利益。

最重要的是，霍华德决不愿像别人那样贬损自己的儿子，他一直表现出对巴菲特充满信心，对巴菲特所做的任何事都持一种支持的态度。

所有这一切都对巴菲特产生了深刻的影响，尤其在经历了那些艰辛的岁月后，他开始怀有一种异常执着的愿望，想要变得非常非常富有。他在5岁前就有了这个愿望，而且从来没有放弃过。

巴菲特和邻居家的孩子拉塞尔是好朋友。傍晚时分，在宁静的暮色中，他们经常坐在拉塞尔家前廊的滑车上摇来晃去。巴菲特常常会心醉神迷地注视着往来穿梭的车流，聆听着过往电车的“叮当”声，时不时地摇摇头，叹口气。

有一次，拉塞尔的母亲偶然看到巴菲特那些复杂多变的表情，觉得很有趣，忍不住问道：“沃伦，你在想什么呀?”

“太可惜了，拉塞尔夫人,”巴菲特摊开小小的手掌，显得无比地遗憾，“这些车子，您不赚这些来往路人的钱真是太可惜了。”

“哈哈哈……”拉塞尔夫人笑得直不起腰，“难道说，沃伦，我们家可以有权随便在街上设一个收费站吗?”

但是夫人的心底却被巴菲特的这种强烈意识吓了一跳。这是个与众不同的男孩子，拉塞尔夫人是最早认识到这一点的人之一。

对数字非常敏感

1936年，巴菲特开始读一年级了。学校为巴菲特打开了一个全新的世界，而且他还很快交了两个朋友：鲍勃·拉塞尔和斯图亚特·埃里克森。

那时候，巴菲特和拉塞尔一起步行去学校。在路上，他们两个经常会记路上的车牌照号码。放学以后，巴菲特也会和拉塞尔、埃里克森一起数汽车牌照号码。

黄昏的时候，一个清脆的童声在巴菲特家不远的马路上响起："125，126，127……"这是巴菲特在数着自己记的车牌照数呢！他们常常会数到150个才肯罢休。

这是他和拉塞尔在拉塞尔家前廊上消磨掉的又一个下午。3个小家伙经常整个下午就这样俯瞰门前车水马龙的繁忙街道，在纸上记录下来来往往的车辆的牌照号码，没有任何明确的目的，只是为了那种单纯的乐趣。

在小伙伴中，巴菲特对数字尤其表现得如饥似渴。那由一个个数字构成的世界对别人也许难于登天，对他则是如鱼得水。他对数字有一种天生的敏感和热情，往往能够毫不费力地记住一连串复杂、枯燥的数据，全然不顾它们根本对他没有任何意义。小伙伴们对于巴菲特迷恋数字的特质，有人妒忌，有人却不以为然。

这种对数字的渴望和非凡的理解力与记忆力贯穿了巴菲特的一生，当他还是个孩子的时候，他所喜爱的日常游戏就已经与众不同了。

除了数车牌照数外，有时候巴菲特他们还会记下车牌照的号码。

每当那时候，巴菲特就会在门廊前坐上好几个小时，看着大街上来来往往的车辆。他们在笔记本上不厌其烦地、一栏一栏地记下穿梭车辆的车牌号。

家里人觉得这个癖好很奇怪，但认为这只是男孩子对数字的喜爱。他们知道巴菲特喜欢计算车牌号上的数字和字母出现的频率。当然，巴菲特对数字的敏感不仅是数汽车牌照那么简单。他平时还喜欢收集和计算以及记忆与数字有关的所有事情。

有时候，巴菲特还会和拉塞尔及埃里克森一起，计算字母在报纸和《圣经》里出现的频率。

巴菲特有一手让所有小伙伴都钦佩不已，甚至连大人们都为之叹服的绝技——他拥有照相机一般的记忆力，任何数字只要映入他的眼帘，就能牢牢扎根在他的记忆里。

一天，拉塞尔抱着一本厚厚的大硬皮书，兴冲冲地来找巴菲特，一进门就得意地大喊："哈哈，沃伦，这回你准不行了！"

"什么不行了？"巴菲特不紧不慢地从书本上抬起头，平静地看着自己的好朋友。尽管年纪小，但一学会阅读，他就成了同龄孩子中有名的"小书虫"。

"你看，我从爸爸那儿弄到的美国年鉴！"拉塞尔卖弄地向巴菲特展示着那本厚皮书，"你不是记忆力一向很好吗？我们来做一个游戏好不好？一个数字游戏！"

"怎么做？"一听到数字，巴菲特就来了劲头儿。

"我从年鉴上选10页给你看，每看完一页，我会读出其中的一个城市，然后你就报出这个城市的人口数，如果你能做对一半，我就服了你！"拉塞尔向朋友提出了一个高难度的挑战。

"好！"巴菲特毫不犹豫地答应了。

游戏开始了。巴菲特全神贯注地背着拉塞尔指定的页张，嘴唇轻轻嚅动着。拉塞尔则在一边开心地观看着。

“艾奥瓦的达文波特?”

“15.676 万人。”

第一个城市答对了，拉塞尔不以为然地耸耸肩，又挑出了年鉴中的另一页。

“堪萨斯的托皮卡?”

“95700 人。”

拉塞尔读出一个又一个的城市名字，而巴菲特则逐个正确无误地报出它们的人口数量。拉塞尔的表情逐渐变得沮丧起来，而巴菲特却始终是那么不紧不慢，不慌不忙。

“俄亥俄的阿克伦?”这是最后一个城市了，拉塞尔紧张地注视着巴菲特。

“74500 人。”巴菲特仍是镇定地报出了一口数。

“这，这真是太不可思议了!”拉塞尔难以置信地看看年鉴又看看巴菲特，突然扔掉年鉴，冲上去一把抱住好朋友，兴奋地大叫：“嗨，沃伦！你是个数字天才!”

这场游戏经过小拉塞尔眉飞色舞的讲述，成了街区上的传奇故事，巴菲特也成了一个传奇人物。走在街上，常常会有某个人突然拦住他，考问他某场棒球比赛的得分，甚至某场赛马的输赢机会，这个小男孩很少让考问他的人失望。

巴菲特的这个本领固然在很大程度上得益于他的天赋，但也是他乐于、勤于做这方面头脑练习的结果——每个数字都是他那早熟的记忆所渴求的。

最为有趣的是，巴菲特还做过收集瓶盖的活动。

事情是这样的，那时候旧瓶盖没有什么价值，回收利用率较低，到处都是，无人问津。没有人想要这些东西，巴菲特却对它感起了兴趣，只要看到，就会收集起来。

每天放学后没事的空闲时间，他常常到各处收集许多瓶盖。晚饭过后，他在客厅地板上到处都铺上报纸，然后把收集的瓶盖摊放在上面，开始分类和计数，再分类和再计数。

那时候他和拉塞尔在倒卖饮料，不过由于资金有限，他没办法扩大规模、品种多样地进货，于是他和小伙伴在加油站的门口数着苏打水机器里出来的瓶盖数，并把它们运走，储存在巴菲特家里的地下室里。

他们这样做，为的是通过这次市场调查，得出哪种饮料的销售量最大的结论，以便采取相应的措施。也许有人会说巴菲特不过是个孩子，要调查应该去人多的百货商场，但这正是巴菲特的过人之处。

在选择调查地之前，他曾做过一番细致的分析。尽管百货商场喝饮料的人最多，可是这些地方不易于巴菲特的行动，因为大人们总是把他看成顽童，视他的行为为无意义的捣乱。

那么除此之外的最佳地点莫过于加油站了，因为这里有自动售货机，过往的人加油时经常购买饮料。于是，这里就成了巴菲特调研的最佳场所。

妈妈看到巴菲特如此奇怪的行为，就忍不住问："沃伦，你在干嘛？不嫌瓶盖脏吗？"

巴菲特说："妈妈，我能通过这些瓶盖数，了解到很多信息呢！"

妈妈奇怪地问："瓶盖也能了解到信息？"

"当然了"，巴菲特兴奋地说，"我把这些瓶盖进行分区统计，并计算出各个区的品种，我就能知道哪种饮料在哪一片地方好销售了。以后我去那里推销饮料，就专挑那些人们最喜爱的品牌。"

就这样，妈妈默许了巴菲特收集瓶盖的习惯。不过，在某一天晚上，可怕的肚子痛令巴菲特无法玩瓶盖了。后来，医生上门进行了诊治，然后就回家了。

但是，医生对这次的上门诊断不放心，又回头把巴菲特送到了医院。就在那晚，巴菲特进行了阑尾手术。也许是手术太晚的原因，手术过后，巴菲特一直身体虚弱。他在教会医院躺了几周，一直萎靡不振。

不过，在医院护士的精心照顾下，巴菲特很快就发现医院是一个舒服的避难所。当摆脱病痛折磨，身体开始恢复的时候，他的摆弄数字的乐趣也随之而来。

在巴菲特的要求下，《世界年鉴》被带过来供他学习。没事的时候，巴菲特常常一个人去记忆年鉴的数据。

一天，身体还很虚弱的巴菲特对护士珍妮说："能给我一支笔和一张纸吗？"

"当然可以了，你要这些干什么呀？"珍妮看着虚弱的巴菲特充满怜爱地说。

笔和纸拿来了，巴菲特开始在纸上写满了数据。那一串串长长的数字更让珍妮感到奇怪了。

"沃伦，你写的这是什么呀？"珍妮忍不住问。

巴菲特兴高采烈地说："这是我未来的财产，我长大后要挣这么多钱！"

就这样，巴菲特伴着年鉴和报纸里的数字，终于摆脱了病魔，一天天地恢复了健康。

有一次，调皮好动的姐姐实在忍不住了，蹑手蹑脚地走到巴菲特的身边，偷偷地问弟弟："沃伦，你怎么能坐这么长时间？傻乎乎地到底在想什么呢？"

巴菲特小心地看看周围，确定父母都没有注意他们，才轻声地回答姐姐："我在计算那些宗教作曲家的年龄呢！看看他们什么时候生，什么时候死的，蛮有意思的。还有……"他得意地笑一笑："我在数钱呢，我将来赚的那些钱。"

这就是他自己营造出来的，充满了无限想象与乐趣的数字世界。

有一点是肯定的，那就是数字不停地在巴菲特的脑海中浮现，即使是在到教堂时，他也会计算诗歌作曲人活了多久，看看他们的宗教有没有让他们变得长寿，而他的结论是没有。

巴菲特曾说过："我是一个不可知论者，就是别人说的无神论者，感谢上帝。"而这种数字推演也许就是巴菲特选择做一个不可知论者的原因。

其结果就是巴菲特越发自主，越发相信自己的判断，从而也越发渴求成为一个能主宰自己命运的富人，这应该就是他年轻时代一直追逐商业活动的原因吧！

善于总结问题

作为一个股票经纪人的儿子，巴菲特有非常便利的条件去接触股票方面的知识。从8岁开始，巴菲特就开始翻阅爸爸保存在家里的那些有关股票和证券方面的书籍。

除了看书以外，看报纸也是巴菲特的一个喜好。平时，爸爸外出回来，总会带回一些有关股票方面的报纸和杂志，这也吸引了巴菲特的兴趣。有了对书籍和报纸的阅读，再加上听到爸爸平日和朋友的谈论，巴菲特对股票更了解了，兴趣也就更大了。

在巴菲特10岁的时候，美国的经济已经从危机中恢复了。此时，爸爸开始逐个带着巴菲特和他的姐妹去纽约。

轮到巴菲特去纽约的时候，巴菲特非常兴奋。他手里拿着他“最好的朋友”，也就是他的大集邮册——巴菲特视为最宝贵的东西，就跟着父亲匆匆坐上了去纽约的车。

在巴菲特去纽约的那段时间中，他的日程安排包括看一场棒球赛，参观一个集邮展览，还去一个有“莱昂内尔玩具火车的地方”玩耍。

然而，最令巴菲特感兴趣的不是那些游乐场所，而是股票交易所。在华尔街的时候，爸爸带着巴菲特去了趟股票交易所。像其他孩子迷上新型飞机一样，巴菲特被股票深深吸引住了。没事的时候，他常常跑到股票交易所去观看。

在爸爸的办公室里，巴菲特常常目不转睛地盯着那些收藏在印着烫金字专柜里的股票和债券单据。在巴菲特的眼里，它们具有某种神奇的诱惑。

在这一时期，给予他极大鼓励和支持的莫过于父亲，尽管父亲也为如此小的孩子对于股票的热衷感到纳闷，但他还是尽可能地支持儿子，不仅为他介绍和指导阅读与股票相关的书籍，还带着他参观纽约的股票交易所，并给儿子讲解关于股票的基础知识，让巴菲特在自己就职的交易所里登记股价。

此时的巴菲特贪婪地阅读炒股和投资指南，甚至像成年人一样，努力学习掌握股票涨跌规律。

由于生意日益兴隆，霍华德的交易所已经扩展到法纳姆那幢有大理石柱子的奥马哈国民银行大厦的门楼。巴菲特常常跑到父亲的办公室去，霍华德忙碌自己的工作事务，他就安静地待在一旁。

一次，霍华德从卷宗中抬起头，发现儿子正目不转睛地盯着那些印着烫金字的财务专柜，脸上的神情又专注、又敬畏、又欣喜。他悄悄起身走过去，站在巴菲特身后许久，轻声地问："你在看什么，沃伦？"

"它们。"巴菲特没有回头，只是用手指了指那些收藏在柜子里的股票和债券单据。在巴菲特眼里，它们具有某种神奇的诱惑，它们甚至有一种似曾相识的亲切感。

巴菲特也常下楼到哈里斯·厄珀姆证券所去。这里是股票报价的源地，奥马哈金融界的人士在此频繁出入，因此比霍华德的股票交易所更具刺激性。往来穿梭的人群中，谁都没注意到一个长着一双大耳朵的小男孩在吸取着成长的养分。

那时还没有电子行情机，所有股价与交易情况都由人工手写在黑板上。杰西·利佛莫尔是西海岸一个默默无闻的投机商。每次他到城里来，都要光顾证券所，在一张纸上写好订单交给经纪商，看着他们将其写上黑板后，便一言不发地离开。

可是这一天，利佛莫尔先生却一反常态。他没将订单交给经纪商，却用眼睛示意逡巡在一边的那个小男孩过来，帮他把订单写在黑板上。他已经注意观察这个孩子有一段时间了，而且忍不住被男孩流露出的那种单纯热情而深深感动。

巴菲特简直不敢相信自己的好运气，他用无比渴望的眼神恳求着紧张地走过来的经纪商。经纪商知道他是霍华德的儿子，平常和他逗趣、聊天时，也常常惊叹这孩子的金融知识，现在既然是客户自己提出的要求，便也默许了。

巴菲特兴奋地爬上扶梯，仔仔细细地将订单上的数据填在了相应位置上。大厅里有人在为他鼓掌，巴菲特自豪地俯瞰其下，仿佛从此掌握了开启一个新世界的钥匙。

从此，巴菲特真正成了证券所中的一员。他的客户量不断扩大，交易商们半是好奇半是欣赏地纷纷将订单交给这个小男孩；而经纪商们也逐渐地不再核对，放心地让他把股价写在黑板上。而巴菲特在工作中也是兢兢业业，一丝不苟。

巴菲特从未出过一次错误。

有时不去交易所时，巴菲特也时常下楼来到一家证券所。这家证券所就在他住的那幢大楼里，而且又是股票报价的源地，因此金融界人士在此出入十分频繁。

从证券所回到家里，巴菲特便开始自己动手画股价图，观察它们的涨跌态势，由此引发了他想解释股价变化这些态势的念头。他的直觉告诉他，分析股票将成为热门行业。

巴菲特在 11 岁这一年，成为一位有自觉意识并完全实行自我实际操作的小股票交易商。

巴菲特是在饭桌上宣布这一消息的。全家人正围坐在餐厅津津有味地品尝着利拉烹制的晚餐，巴菲特清了清嗓子。霍华德抬起头期待地看着儿子，知道他肯定又有什么重要信息发表。巴菲特又清了清嗓门，显得郑重其事。

“我今天买了 3 股股票，城市设施优先股。”巴菲特说得很简单，全然没提他这一果断举动在证券所引起的轰动。

“哦?!”霍华德惊异地挑起了眉毛，他虽然知道儿子经济头脑超群，但还是没料到他出手能这么早。

“什么价位买进的?”做父亲的决定要像男人对男人那样来和儿子讨论金融问题了。

“每股38美元。”巴菲特心中喜悦，却仍力图控制情绪，他的行为要配得上父亲对他表示出的尊重。

“多丽丝，”他转头注视着姐姐，很有绅士风度地说，“我也顺便为你买了3股。”

“天哪，沃伦，你真是太棒了!”多丽丝跳起来，欣喜若狂地吻了一下弟弟，巴菲特微笑着很矜持地接受了。

“天哪，沃伦……”这是母亲利拉的反应，她深深吸了一口气，还不知道整日摆弄着那些瓶盖和高尔夫球的儿子什么时候攒了这么一大笔钱。

这顿饭吃得真是波澜起伏，但在座的每一个人都对巴菲特的能力持完全信任态度，这孩子简直生活在数字之中，他很清楚自己究竟在干些什么。

这是后来成为一代股神的巴菲特第一次真正购买股票。然而开局好像并不是非常顺利，那年6月份，市场向下击出低点。

巴菲特所持有的城市设施的优先股股价从每股38美元，很快跳水到每股27美元。看到自己辛苦地以卖可乐等方式积攒的钱在一点点减少，巴菲特和他的姐姐都有点儿难过。

在上学的路上，姐姐多丽丝每天都提醒巴菲特，咱们的股票正在下跌。

当然，后来的结局无疑是好的。因为过不了多久，城市设施股的股价又回升到了40美元。此时，巴菲特果断地抛出了他所持有的股票。

抛出股票之后，扣除佣金，11岁的巴菲特，第一次在股市上出手就获得纯利，这更加激发了巴菲特对股票的兴趣。通过这次炒股，巴菲特还及时总结了两个教训，并把这段时期作为他一生中最重要的时期之一。

第一个教训是，不要过分关注股票的买入成本，因为股价只要能够上涨，就会有盈利。

第二个教训是，不要不动大脑地急于抓住蝇头小利，耐心非常重要。原来，就在他的股票出手不久，城市设施股的股价又升到了 200 美元。因此，如果他能更耐心一点，他就能赚到更多的美元。

这两点教训对巴菲特影响非常大，在他以后的投资生涯中，他对此一直念念不忘，并由此吸取了上述两个教训，从中受益匪浅。

巴菲特第一次炒股还有第三个教训，那就是关于投资他人资金的教训。因为在股票下跌时，他的姐姐老是每天提醒他，这使他认识到，如果他出现投资失误，那可能会有人因他而烦恼和不安。因此，他不想对其他任何人的资金负责，除非他非常确信自己会成功。

也许正是因为小时候的炒股经验，锻造出了巴菲特决定长线投资的心态。这也是巴菲特的经营宝典之一，他在选择投资标的物时，从来不会把自己当作市场分析师去预测，而是把自己视为企业经营者。

巴菲特一直非常反对短线交易，认为那只是浪费时间和金钱而已，而且会影响到操作绩效。

巴菲特曾说：

> 我从来不打算在买入股票的次日就赚钱，我买入股票时，总是会先假设任何一档股票，如果你没有把握能够持有 10 年的话，那就连 10 分钟都不必考虑持有。

做炒股这样生意的人，只有具备清醒的头脑、商海历练的经验、国内国际经济运行的趋势以及理性对待一切事物，才能立于不败之地。

巴菲特正是这样的人，他从不为其他人的观点所左右，也不会为股市的一点波动而改变初衷。巴菲特总是以独特的观点、独特的视角、独特的方式把握自己的生意。

巴菲特的成功不是秘密，他所具有的经验素质每个人都能够具备；而巴菲特不同于常人的地方是他能够看到股市运行的规律、预期股市的未来。

不断发掘商机

1942年，内布拉斯加第二选区的共和党人找不出很多候选人来参加战时国会议员的竞选活动，在走投无路的情况下，共和党不得不把目光转向了一位公开反对罗斯福新政的人士：霍华德·巴菲特，也就是巴菲特的爸爸。

身为孤立主义者的霍华德获胜的可能性可谓微乎其微。在游历各地的政治演说中，他抨击的对象并非希特勒或是墨索里尼，而是把矛头对准了罗斯福。

在选举当日，霍华德准备好了一份妥协演讲，并在9时就退场了。

第二天，他发现自己获胜了，他称此为他一生之中“最大的惊喜”。

因为爸爸的当选，一家人也跟着都离开了奥马哈。

有了初涉股海的经历后，巴菲特更加认真地思索，学习股票的规律，他也朦胧地意识到自己对于股票的预测似乎优于他人。此时，巴菲特结识了日后的商业合作伙伴查理·芒格，从而更进一步地明确了自己的致富目标。

也是在这一年夏天，12岁的巴菲特到爸爸的合伙人福尔克先生家里吃午饭，他突然说：“我要在30岁之前成为百万富翁，如果成不了，我就从奥马哈最高的楼上跳下去。”

不过，当别人知道他的这一誓言时，都付之一笑，认为这是一个不知天高地厚的孩子。但是，巴菲特却是认真的，并努力朝着这个方向前进。

福尔克太太赶紧说："你这个小孩子，千万不要再这么胡说了。"接着，福尔克太太问："巴菲特，你想赚那么多钱干什么？"

巴菲特答道："我并不是说想要很多很多钱，我只是觉得赚到钱，并看着赚的钱越来越多是一件很有乐趣的事。"

众所周知，他真的做到了，因为他从未停止在股市里尝试，不断总结经验，加上父母的指点，不久后就小获成果。初中刚毕业，他就用炒股赚的钱在拉斯维加斯州购置了一块40英亩的农场，成为一个"小地主"。

也许此时巴菲特对赚钱的目的还没有真正认识清楚，但是此时巴菲特确实开始赚钱了。

一天，霍华德路过巴菲特的房间，偶然透过半掩的房门，发现巴菲特正伏案填写什么东西。想到白天政务繁忙，自己已经很久没和儿子交流过了，他心里不禁有些愧疚。

"沃伦，在填什么？"霍华德走进房间，关心地询问道。

"嗯……"巴菲特迟疑了一下，眼睛抬起又垂下，半晌才轻声回答："是《纳税申报表》，爸爸。我已经向政府登记了我的收入，按规定，我该交纳税款。"

"哎呀，没想到我的小沃伦居然已经成了供养我们这些议员的纳税人了！"霍华德真是大吃一惊，这个刚13岁的儿子经常让他出乎意外。他忍不住开了句玩笑，巴菲特只是象征性地咧咧嘴。

"那么，纳税人先生，您有什么要求吗？"霍华德半是调侃半是认真地问，"也许，我可以帮您缴纳这第一笔税款。"

"不，请您别这样，爸爸！"巴菲特的反应却不可思议地激烈，"我有收入！我能纳税！这是我自己的事情！"

"最起码，你能够接受我作为一位父亲和一位国会议员，对儿子和初次纳税人的祝贺吧？！"霍华德敏感地觉察到自己和儿子之间出现了一层看不见的隔膜，避实就虚地转移了方向。

“谢谢，父亲！”巴菲特这回倒是彬彬有礼地接受了致意。

巴菲特在华盛顿的新生活是以他在《华盛顿邮报》的那份工作为中心的。他开始替《邮报》送报纸，而且由于他的苦心经营，很快就成为远近闻名的“小报童”。

卖报纸就是少年巴菲特积累财富的重要一步。

当时，在巴菲特生活的小镇上，每天都有两个报童在卖同一种报纸，一个就是巴菲特。不用说，两个人都明白，他们是竞争对手，小镇就这么大，读报的居民就这么多，如果一个报童卖得多，那么自然另一个就会卖得少。

在竞争的压力下，另一个报童很勤奋，他每天沿街叫卖，嗓门也很响亮，可每天卖的报纸并不很多，而且还有越来越少的趋势。

巴菲特却不同了，除了沿街叫卖外，他还每天第一时间去一些固定的公共场合，如镇上的餐厅和酒吧，去后就给大家分发报纸，过一会儿再来收钱。

地方越跑越熟，卖出去的报纸也越来越多，当然也会有些损耗，但很小。渐渐地，小镇上的居民基本都成了他的固定客户，都买他的报。不用说，另一个报童当然不得不另谋生路。

巴菲特卖报的时间持续了很长时间，并随着家的搬迁，而到各地卖报。

在巴菲特十三四岁的时候，他开始在威彻斯特送《华盛顿邮报》。当巴菲特在威彻斯特送报的时候，他就不得不放弃早上的其他送报路线。这使巴菲特感到非常可惜。

由于工作认真，客户反映好，又增加为3条路线，在送报过程中他发现《华盛顿邮报》有一个强有力的竞争对手《时代先驱》，他的路线所覆盖的区域与《华盛顿邮报》完全一样，为什么不能一个人同时为两家报纸送报呢？事半功倍的事何乐而不为？

他不仅在头脑中反复考虑这个问题，而且真的跑到《时代先驱报》发行处又申请了一份送报工作。

这两家斗争激烈的大报当然无暇顾及一个小报童的所作所为了，一个订阅者如果取消了一种报纸，往往会订阅另一种报纸。小报童巴菲特任何时候都可以无忧无虑、容光焕发地为订户们服务了。

不久巴菲特就拥有了5条送报路线，每天早上大约要送500份报纸。利拉早上起床给巴菲特准备早餐，5时20分以前巴菲特就要走出家门，赶公共汽车去马萨诸塞大街的总发行点取报纸，然后开始他的派发工作。

这是一项很辛苦、很需要毅力的工作，开始巴菲特还要妈妈叫上数次才睡眼惺忪地爬起床，逐渐就能自己主动地去上班了。

利拉从来不走近他挣来的钱半步，巴菲特在房间里特设了一个装钱的抽屉，他辛辛苦苦挣来的每一分钱都安安全全地被存放在那里。他的积攒是他的一切，这并不是说巴菲特是如何的吝啬，而是这每一分钱都是他未来放飞理想的通天阶梯。

最后，巴菲特还是选择了一个好的线路，那就是为上流阶层送报，他选择的这条路线上有6位美国参议员，还有上校和高级法院的法官。还有奥维塔·卡尔普·霍比以及物价管理局办公室的负责人里奥·汉德森。

到这个时候，巴菲特认为自己已经是一个熟练的送报工了，不过他还要应对一个复杂的逻辑挑战。因为他所选择的线路包括了5幢建筑。5 幢建筑中有 4 幢相邻，有一幢独立成户。送报区域包括了两栋以上公寓楼，要穿过教堂大街，还有马林大街和沃里克大街。

为了尽快把报纸送到，每天清晨，巴菲特睡眼惺忪地坐上华盛顿运输公司的公车，连早饭也来不及吃就出发了。他搭上首班公交车，前往威彻斯特的教学大街 3900 号。

不仅坐车早，巴菲特在装束等其他方面，也追求效益最大化。巴菲特送报时都穿上网球鞋，坐车用公交车通票，这样他每天只要花 3 美分就行了。

巴菲特的公车通票号码经常是 001 号，这是因为每周他总是第一个买通票的人。每天下了公交车以后，巴菲特就跑过几个街区，赶到目的地，以尽可能快的速度，把报纸送到客户手中。

就这样，巴菲特靠着精明和勤奋，获得了很多客户的认同。巴菲特也因此获得了一笔不小的收入。

当然，巴菲特自然不会满足于送报纸的利润的。具有极强经商意识的巴菲特，在送报纸的同时，还向订报客户推销台历，并将其发展成为另一项副业。

巴菲特在送报纸的同时，推销杂志则更能体现出他的精明之处。

一天，巴菲特去送报纸时，一个客户正把一些旧杂志扔掉。

巴菲特就亲切地说："先生，你能把这些旧杂志送给我吗？"

"当然可以了。"客户高兴地把旧杂志送给了巴菲特。

从此以后，巴菲特就经常向所有的客户要没有用的旧杂志。巴菲特要这些旧杂志也是有目的的。

原来，巴菲特收集到旧杂志后带回家。然后，他再检查杂志上的标签，并通过各种途径，查阅到每一份杂志的订阅时间。然后，巴菲特把订户资料整理成卡片。在哪位客户的杂志订阅期临近时，巴菲特就会上门拜访，向他们销售新的杂志。

通过卖报纸、台历和杂志等业务，10 多岁的巴菲特获得了不菲的收入。

1944 年年底，巴菲特填报了他的第一笔所得税，金额是 7 美元。虽然金额并不大，但像这么小的孩子，就能有自己收入的情况，无疑是非常少见的。

考虑到可以增加产品种类来提高收益，巴菲特同时也在公寓里兜售杂志。其中的秘诀在于能在恰当的时机征询订阅。巴菲特总能在某个订户的某种杂志期满时，彬彬有礼地敲开他的房门，微笑着问：“先生，您想继续订阅某种杂志吗？我也许能帮您这个忙。”结果当然是双方都很满意。

其他的报童对巴菲特的这项本事真是嫉妒得要死，但他们缺乏的其实只是巴菲特的那种观察力和头脑。巴菲特并没有什么未卜先知的特异功能，他发现订户们总是把杂志放在楼梯口，你只要撕下通知他们订阅期满的地址标签，就可以对每个人的订阅期限了如指掌。

巴菲特是个很受欢迎的小报童。

“嗨，你好啊！我们的小男孩！”每天早上，电梯间的女孩们都会这样甜甜地和他打招呼。

“你们好，漂亮的小姐！”巴菲特也会给她们一个大大的笑脸，顺手递过一份送给她们的免费报纸。

“知道吗，沃伦？7 楼的斯蒂夫夫妇就要搬家了。”

“是吗？那我得拜访他们一下，这个月的报费他们还没交呢！”这就是巴菲特和女孩们的互利联盟。

战时的华盛顿人们频繁地搬进搬出，有时就会忘了付钱给他。如果每个月都碰上这么几个倒霉事，那巴菲特的损失就大了。和电梯间的女孩搞好关系后，他可就再也不用为对不上账发愁了。

总而言之，巴菲特把他的送报工作做成了一桩大生意，他每个月可以挣到 175 美元，这是许多全天工作的年轻人才能赚到的数目。更难能可贵的是，他把挣到的每一分钱都积蓄起来。

这段时间对巴菲特的影响很大，不仅培养了他重视市场调查，以客观事实为决策依据的习惯，而且他从实战中磨砺出了非常敏锐的洞察力，无疑对于一个投资家来说，这是必备的精准眼光。毋庸置疑，这种能力为他后来在投资事业上的成功奠定了坚实的基础。

少年巴菲特一直受一本书的影响，这本书就是《赚 1000 美元的 1000 招》。

有一天巴菲特在图书馆，他看到书架上有一本银色的封面的书，非常耀眼。他取下一看，书名就是《赚 1000 美元的 1000 招》。

这本书用“以自制的软糖起家”、“杜格尔夫人变 38 美元为百万财富”等故事，来鼓励人们如何成为富翁。巴菲特立刻被吸引了，他想如果这 1000 招都用上，不就能赚到 1000 万美元了吗？

巴菲特马上打开书，看见封面内页有一张照片，一大堆钱币，像山一样高，旁边站着个男人，显得像个小矮人。书的第一页上写道：

机会在敲门。对于那些只有小小一笔资本想要独立开创事业的人来说，现在正是美国历史上最好的时机。

对于一心想赚大钱的巴菲特来说，书中文字的吸引力非常大，他赶紧往下读。

给巴菲特留下深刻印象的是书中的警告。警告的内容是：

除非你开始行动，否则不可能成功。开始赚钱的方法就是马上开始行动。美国有成千上万的人，想要赚大钱，却根本没有赚到大钱，因为他们总是想等这个和那个条件具备了才开始行动。

这些充满鼓动性的话，激起了巴菲特渴望获得财富的雄心。在少年巴菲特的脑海里，经常回荡着：“行动，立即行动，不论你有什么梦想，千万不要等待。”

在赚钱这一理念的推动下，巴菲特更加喜欢经商了。那时，他经商的方式很多，包括卖报纸、杂志和可乐，赚取了许多钱。

1945 年暑假过后，巴菲特年满 15 周岁，进入威尔逊中学，开始上十年级，类似于中国的高中一年级，从初中生变成了高中生。别看他人小，但已经是老板了。

但他依然坚持经商，主要包括送报等。那时候，巴菲特每天早晚送两次报纸，一天只工作两小时左右，一个月就能赚 175 美元。

175 美元，这个收入在当时比他的中学老师月工资还要高。巴菲特已经属于高收入阶层了，这使 10 多岁的巴菲特感到非常自豪。

尽管每个月挣的钱比老师还多，存的钱比大学毕业生工作了几年还多，但只有 15 岁的巴菲特，花起钱来却比谁都少。

高中时的一天，班主任老师给全班同学开了个会，大家轮流自我介绍一下。轮到巴菲特了。他不慌不忙地站起来，面对着全班同学说：“我是来自于内布拉斯加州的巴菲特，在奥马哈附近拥有一家农场。”

顿时全班一片哗然，各种质疑的声音也随之响起。

“是骗人的吧？”

“都是父母赠送的吧？”

也难怪，同学都感到，巴菲特人瘦得跟猴儿一样，脖子细得跟麻秆一样，运动鞋破得跟要饭的一样，见了人害羞得跟小姑娘一样，他怎么可能是农场主呢！

然而，这确实是一个事实。原来 14 岁的时候，巴菲特送了 3 年报，已经攒了 2000 多美元。巴菲特取出其中的 1200 美元，将它投资到了内布拉斯加的一块 40 英亩的农场上。就这样，巴菲特拥有自己的农场了。

不断进行尝试

挫折会使人痛苦，但有时候它也是一件好事，它能够给你带来另一种思考方式。

——巴菲特

不成功的出逃

在不断进行尝试的过程中，巴菲特还曾经做过一件被描述为“不成功的反叛”的出逃事件。

那时候，巴菲特随着爸爸来到华盛顿，进入一所中学读书，他的学习成绩很糟。只有当爸爸威胁要取走他珍爱的送报路线图时，他的成绩才有所提高。

“沃伦，沃伦！沃伦·巴菲特先生！”老师愤怒的声音回荡在整个教室里，全班同学都兴奋地忍住笑等着看好戏上演。

“什么？先生？”伏在课桌上正埋头大睡的男孩被突然惊醒，慢吞吞地爬起来，迷迷糊糊地问。教室里立刻爆发出一阵笑声。

笑声让巴菲特清醒了一些，他抓一抓乱蓬蓬的头发，扶扶沉重无比的大黑边眼镜，揉一揉惺忪的睡眼，很无辜很可怜地望望四周，终于看到了面沉似水的老师以及满脸笑意与期待的同学们。

“我想知道你为什么每天都这样一副睡不醒的样子。难道我的课堂就是你睡觉的地方吗？”老师再一次提出了质问。

“因为我困，先生。”巴菲特考虑了一下，很诚恳很认真地回答。这倒是实情。他每天早上很早就出门送报，工作量也的确大了一些。

教室里响起的笑声立刻又增加了一倍音量。

“沃伦·巴菲特！”老师被气得脸色铁青，恨不得狠狠教训一下这个让所有老师都挠头的特殊学生。

“铃铃铃……”下课铃声替双方都解了围。老师一边收拾教案，一边厉声对巴菲特说：“如果我没记错的话，你母亲此时应该正在校长的办公室里。你要好自为之，巴菲特先生。”

同学们都抓起书包，鱼贯而出，只有巴菲特一个人懒懒地斜坐在位子上。老师说得对，他要等妈妈和校长谈完话后一起回家。巴菲特还清楚地记得昨晚他通知妈妈，校长想和她谈谈后，妈妈脸上那难以置信的表情。

大家都在兴高采烈地议论着放学后的种种计划与安排，看上去没人注意到巴菲特的寂寞与孤独。他在班上年龄最小，又是转学插班而来，平常总是在他那副大眼镜的掩护下，将自己萎缩在一个角落里，既不与女孩子们说笑、约会，也不参加男孩子们的游戏玩耍，别人自然也就忽略了他，将他排斥在班级主流之外了。

面对老师的批评，具有叛逆性格的巴菲特越来越忍受不了没人喜欢他的新学校和没有老朋友玩的新城市，于是决定离家出走。

尽管时间不长，也没有发生什么不幸，但是他的举动着实让父母大吃一惊。后来据姐姐多丽丝回忆说："他是和两个朋友一块跑掉的，后来被警察收容了。"

巴菲特当球童时听人说过，在宾夕法尼亚州的赫希镇上，有个非常有名的高尔夫球场。于是，巴菲特决定去赫希镇，因为他到那里可以当球童赚钱养活自己，再图更大的发展。

一个人不行，得带两个朋友一块儿闯。巴菲特连续忽悠了几天，终于鼓动了两个朋友托尼和贝尔，一同前往。

出逃开始了，3 个学生跑到公路上，拦到一辆顺风车，整整开了三四个小时，跑了 240 多千米，终于成功到达了赫希镇。

"快看，快看，看那树啊！"一路上，贝尔已经不知道这样兴奋地喊过多少回了，他是一位密苏里州国会议员的儿子。

"我说，你稳当点儿，好像没见过什么世面似的。"另一个男孩托尼故作成熟地制止贝尔。

"沃伦，沃伦，赫希的高尔夫球场有多大？我们做球童赚的钱能不能养活自己？"贝尔转移了目标，和托尼一起满怀希望与期待地等待着巴菲特的回答。

“做球童、赚钱都不是目的，我们关键是要换换环境，见见世面！”巴菲特的脸上挂着近来很少见的轻松笑意。

成天待在学校，待在华盛顿那个他一点儿都不喜欢的鬼地方，简直快让他发疯了。于是他和两个好朋友一拍即合，策划了一次逃离，一次真正的反叛。他们没做任何准备、没告诉任何人就离家出走了，仓促得甚至没带一支牙刷。

下了车后，三个人找了一家普通的旅馆，登记住宿。也许是抑制不住兴奋，三个小家伙一边走，一边跟帮他们拿行李到房间的服务生大吹特吹一番自己独闯天涯的壮举。

第二天醒来，三个人准备去球场找工作。一下楼，一个高速公路巡警拦住了他们：“三位同学，跟我走一趟。”

巴菲特三个人还没有想好如何应变，就被带到了警察局。

警察开始询问道：“你们三个人从哪里来啊？跑到这里干什么啊？”

经过一路的思索，巴菲特已经想好了应对办法。他用略带紧张的口气说：“我们是出来一边旅游一边学习历史的，我们历史课刚讲了美国南北战争最惨烈的盖茨堡战役，我们要到附近的盖茨堡战役纪念馆参观，我们出来之前经过老师和家长同意的。”

警察看到巴菲特说的煞有介事，真的有些相信了。

然而，就在这时，警察桌子旁边有台电报机“嘟嘟嘟”不停地响。听到电报机的声音，巴菲特开始担心家里人已经报案了，那样很快华盛顿警局就会发来电报。

这样一来，自己编造的谎言一下子就会被揭穿的，自己还是免除不了被押送回去的命运。

当然，事情并没有那么巧合。电报和他们没有关系。接完电报后，警察对巴菲特三个人进行了一下例行的教育后，就把他们放了。

走出警察局大门后，心存侥幸的三个孩子又犯愁了：下一步去哪里啊？

托尼沮丧地问巴菲特：“沃伦，我们现在怎么办呢？”

经过一段时间的反复商量后，巴菲特三个人终于决定，还是回华盛顿，回到爸爸妈妈身边。

就这样，巴菲特的青春叛逃以失败而告终。这次离家出走，巴菲特是主谋，自然遭到了爸爸妈妈的批评。

尽管找翻了天，急上了火，但霍华德和利拉还是张开双臂，热泪盈眶地拥抱了自行返家的儿子。霍华德知道一定要和巴菲特谈谈了。

“你不喜欢华盛顿，面临着陌生的环境和青春期的烦恼，这些我们都知道。而你也应该知道，作为父母，我们是多么爱你，愿意帮助你共同克服任何困难。”霍华德慈爱地看着低头不语的儿子，语气渐渐转为严肃，“但我们决不能容许你继续这样下去。”

爸爸霍华德看着淘气的巴菲特，生气地说：“沃伦，不管你是不是喜欢华盛顿，但必须要提高你的学习成绩。否则我就要停止你的送报工作。你现在的主要工作就是学习，只有学习好了，你才可以做其他工作。你明白我的意思吗？”

看到因为自己的出走，而使爸爸妈妈如此伤心，如此愤怒，巴菲特感到非常难过。

巴菲特轻声地对爸爸说：“爸爸，你放心，我再也不会离家出走了。我会提高我的学习成绩的，但是你不要停止我送报的工作，好吗？”

爸爸看着10多岁的儿子，无奈地点了点头。通过这件事，巴菲特认识到了出逃的种种坏处，从此开始安下心来学习了，巴菲特突然变得用功了，行为也驯顺了许多，他的学习成绩也很快得到了提高。

如果说此前他对做生意纯粹出自本能的兴趣、对于股票的热忱、对数字的敏感，那么他的这次出走越发让人难以理解。不过，当人们知道了巴菲特出逃的目的后不禁哑然失笑。

巴菲特的一生都不可避免地和商业紧密相连，别看这次出走不过是年少时的一次经历，也和商业有着千丝万缕的联系。他之所以把出走的地点选在宾夕法尼亚州的赫希，目的是参观当地闻名已久的好时巧克力工厂，因为这样他可以免费得到一个巧克力棒。

好时巧克力工厂留给巴菲特的印象是深刻的，当他计划实施消费者“特权”这一经营概念时，巴菲特还是经常提起这家工厂所具有的性质。而从侧面解释了何以自己当时会受到免费巧克力的吸引，而不惜以身冒险，而这次出走也为巴菲特日后的成功提供了一个经验。

学会与人相处

从1943年1月离开老家奥马哈来到华盛顿，整个中学3年，巴菲特虽然在经商上赚了不少钱，但他在与人相处上一直不是很成功。

巴菲特的思考方式像个商人，但他的样子可不像。他和同学相处得很不好。他长年累月地穿着同一双破破烂烂的运动鞋，在松松垮垮的裤子下面可以看到往下垂的袜子，细细的脖子和窄窄的肩膀缩在衬衫里面。如果被迫要穿礼服和皮鞋时，巴菲特就会穿着让人瞠目结舌的黄色或白色袜子，在那双被磨损的皮鞋外面露出一截。

有时巴菲特看起来很害羞，几乎是一派天真的样子，而有的时候，他又说话尖刻，咄咄逼人。巴菲特的这些特征，使他非常没有人缘，老师和学生大都不太喜欢他。巴菲特的同学对他的评价是他说话吞吞吐吐、犹犹豫豫。

那时候，巴菲特的很多同学都满怀激情地投入到了青春期的生活中去，参加各种联谊会，参加彼此在家里地下室举行的各种聚会等。

在各种聚会上，巴菲特的同学们充分享受了汽水、热狗和冰激凌，人们在音乐下唱歌、跳舞，而巴菲特则显得非常孤独，经常是伸长了脖子好奇地观看。

但是，巴菲特没参加过几次这样的聚会，他对于股票的热情更加高涨。人们很难想象一个只有10多岁的孩子会对变幻莫测的股市如此感兴趣，会舍弃自己的娱乐时间去研究股市规律。

事实上，正是那一串跌宕起伏的数字，给巴菲特带来了常人难以想象的乐趣，别人说什么、做什么都不能给这个小伙子带来任何影响，他始终坚定地走着自己的路。

通过打工、送报、经营弹子球机以及出租二手车、卖高尔夫球、投资股票、当合伙人等尝试，巴菲特逐渐登上成功的宝座。尽管他走的每一步都不是事先规划好的，但是，未知的未来对巴菲特来说是美好和充满挑战的。

对于这个古怪的儿子，巴菲特的父亲霍华德常常感到疑惑。因为他和同龄的孩子大不一样。霍华德曾经试着鼓励巴菲特和她姐姐到附近农场度过暑假的时光，希望借此能让孩子们接触到农场和大自然。

可是，这期间巴菲特好静独立的倾向越来越明显，他不会像姐姐那样在农场中奔跑、跳跃。据他姐姐后来回忆说："我从来没看见过他拿着犁工作过，大部分时间都在看书。"

强烈的孤独感使巴菲特一直非常不适应新的城市和新的学校。本来就是青春叛逆期，越不适应，他就越叛逆，也越让人讨厌。

尽管离家出走过，尽管上课捣乱，但巴菲特从小是一个好孩子，内心还是想做一个老师和同学以及家长都喜欢的好孩子。他希望周围的人能接受他和喜欢他。

无聊之时，巴菲特常常想：有什么办法能让别人都喜欢我呢？爸爸忙着上班，妈妈忙着干家务，老师忙着上课，同学忙着学习，谁能教会我一套办法，让别人都能喜欢我呢？

一天，巴菲特忽然想起，自己曾经在爷爷的书架上读过一本书，是一个做过推销员的人写的，他叫戴尔·卡内基，那本书的名字很吸引人，《如何赢得朋友和影响他人》。

书的第一页有句话：如果你想采到蜂蜜，就不要踢倒蜂窝。卡内基说的意思是，你想和别人做朋友，得到甜蜜的友谊，就不要批评别人，因为批评会伤害别人的自尊心，让人心生怨恨，这就像捅了马蜂窝一样危险。因此卡内基总结出的赢得朋友的第一个基本原则就是：千万不要批评别人。

巴菲特第一次看到这本书时只有八九岁。那时只是为了好玩，大概翻了翻，并没有细看。现在，他想起这本书来，才意识到赢得朋友、让别人喜欢你太重要了。于是，巴菲特立刻跑到图书馆借来这本书，如饥似渴地读了起来。

在卡内基的著作中，巴菲特看到了许多关于和人相处的准则，其中，不要批评是最重要的基本原则。

其他还有：

人人都希望受到注意和赞美，没有人希望被批评。

在所有文字中，最好听的声音是自己的名字。

处理争执最好的方法就是避开争执。

如果发现自己错了，马上坦白认错。

询问问题，而不要命令别人。

帮助别人留下好名誉。

婉转指出别人的错误，让别人保住面子。

看到这些与人相处的原则，15 岁的巴菲特突然顿悟，这不正是自己想要寻找的为人处世的基本原则吗？自己特别不擅长为人处世，掌握了卡内基这一套基本原则，自己就能很好地与人相处，在任何情况下都能让别人接受我和喜欢我。

巴菲特的心被触动了。他想他找到了真理。这是一套系统方法。他在社交方面觉得自己缺陷很大，需要一套系统的规则向人们推销自己。这套方法一经学会，他就可以随意运用，而无须针对每一种变化的情形做出新的调整。

当然，巴菲特也不禁有些疑问：卡内基说的这些原则真的有效吗？如果他遵照卡内基的规则，结果会发生什么，如果他不按照规则行事，又会出现什么结果？

带着问题，巴菲特继续往下读。

他又看到卡内基说：

光是阅读这些原则没有用，你必须实践应用这些原则，因为我所说的是一种新的生活方式。

看到这句话，巴菲特心里有底了。他暗下决心地说："对，我一定按书里要求的那样去尝试一下。"

说干就干。

巴菲特开始在各种场合试验卡内基的为人处世方法。有时他照着做，认真听别人说话，真诚赞美别人。有时他反着做，故意不听别人讲话，故意批评和反对别人。

事后，巴菲特一次次对比分析不同的做法和不同的结果，最后发现卡内基所说的为人处世原则是对的，真的有用。

回想前几年初中的悲惨时光，就是违反卡内基原则最好的反面例子。很多人都看过卡内基的书，读了之后的第一反应和巴菲特一样：卡内基的原则简直太好了，我终于找到了为人处世的宝典！

不一样的是，大部分人阅读并惊叹之后，把书一扔，做的还是老一套。然而，巴菲特读后却能不断运用，他对自己说："我不想再过初中那种所有人都不喜欢我的生活，我高中要运用卡内基的新方式过上新生活！"

刚开始时，巴菲特学习运用卡内基的为人处世原则，也经历过多次失败，但巴菲特并不放弃。学习卡内基的原则，最大的问题就是要克服习惯的力量。

有一次，为了一个小问题，巴菲特和一个同学意见发生了分歧。争论时，双方各不相让。这时年轻的巴菲特就忘记卡内基的原则了，他又故态萌发，和那个同学争吵了起来。争吵的结果当然是不欢而散了。

晚上回到家里，巴菲特还怒气未消呢！

吃过晚饭，巴菲特坐在自己的书桌前，正在为白天的争执而恼火。他一抬头，看到了自己贴在墙上的那个戴着眼镜向自己微笑的卡内基头像，突然醒悟过来：自己怎么忘了卡内基的话了，“不要和人争吵”、“要为对方保全面子”这些提醒怎么忘了呢！

想到这些，巴菲特的气很快消了。第二天还向那位同学道了歉，巴菲特和那位同学又成为了好朋友。

习惯的力量确实是很大的，但巴菲特有着坚强的毅力。即使有一段忘记了，有一段不用了，但他总会回过头来再复习、再练习，重新思考，重新应用。

时间越长，练习效果越明显。随着时间的推移，巴菲特的性格终于发生了很大的变化，他开始越来越受同学们喜欢了。他的朋友比初中时多了好几个，他还加入了学校的高尔夫球队。

当然，这只是巴菲特学习卡内基的开始，后来他又重新学习了好多次，实践了好多年，才运用得越来越成功。因为巴菲特学会了这些为人处世的基本原则，从此他的一生也因此发生了改变。

来到华盛顿，巴菲特所就读的中学是威尔逊中学。在这里他就像以前在奥马哈一样，逐渐认识了许多朋友，唐纳德·丹利就是其中和他关系非常好的一位。

学校里的男孩子们喜欢在课后打扑克，竭力在输赢中表现得像大人那样漫不经心、满不在乎。巴菲特从不参加，却喜欢站在别人身后看牌，神情紧张地念念有词，看上去比玩的人还要认真。原来，他一直在计算扑克里的输赢概率，这才是游戏吸引他的原因。

一天，巴菲特突然发现观战人群中居然还有一个男孩有和自己一样的表现，立刻觉得遇到了知音。他耐心地等那男孩抬起眼睛，主动上前伸出了手：“喂，你好，我叫沃伦·巴菲特。”

“你好，我是唐纳德·丹利。”

“我对商业很感兴趣。”巴菲特自我介绍。

“可我酷爱科学。”丹利的表情有些失望，但他的眼睛突然一亮：“等一等，15+88+79+46+51+97是多少？”

“376。”巴菲特脱口而出。

两个人将手喜悦地握到了一起，热爱科学的丹利和对商业感兴趣的巴菲特发现了两人之间的一种共同语言——数字。

他们很快便成了好朋友。丹利是一个严肃而聪慧的学生，父亲是司法部门的一位律师。第二次世界大战结束后不久，丹利失去了母亲，父亲又去日本起诉战犯，他的多数时间都在巴菲特家度过。曾经饱受思乡之苦的巴菲特很理解朋友的心理，使丹利大大慰藉了丧母之痛。

两个孩子一起演奏音乐，巴菲特弹尤克里里琴，而丹利则弹钢琴。高兴时就琴声悠扬，和谐动听；忧恼时就乱弹一气，喧噪刺耳，然后相顾哈哈大笑。这是难得的纯真友情。

有一天，巴菲特跑去告诉自己的朋友丹利一个新想法。

“我用25美元买了一台旧的弹子机，”巴菲特说，“我们可以合伙，你负责修理机器。”

谈到在哪里经营时，巴菲特说：“我们去告诉理发师弗兰克·埃里克，就说我们是韦尔森投币机公司的代表，韦尔森先生让我们向你提个建议。你不会冒任何风险，埃里克先生，我们把这台投币机放在理发店的后面，当你的顾客在等待理发的时候他们可以玩这个，利润我们平分。”

丹利对这一想法非常认同，他跃跃欲试。虽然在此之前，没有人在理发店放置弹子机，但他们还是把这个建议告诉了埃里克先生。

理发师埃里克竟然真的被丹利说动了。于是，两个男孩把弹子机拆卸下来，放进丹利父亲的车里，运到埃里克先生的理发店，再把它装好。

弹子机放置好的第一个晚上，巴菲特和丹利来到理发店后面查看情况。当天，弹子机就取得了不错的收入，埃里克先生也很高兴，弹子机被留下来了。

一周之后，巴菲特把弹子机里的钱全都取出来，分成两堆。“埃里克先生，”他说，“我们就不要那么麻烦你一个和我一个地分了，你拿走你想要的那堆吧！”

在埃里克拿走桌子上靠近自己的那堆钱后，巴菲特数了数另一堆，一共有25美元。这足够再买一台弹子机了。

很快，有七八台来自“韦尔森先生”的弹子机，被摆放到了镇上的理发店里。

此时，巴菲特清醒地认识到，自己必须和理发师处好关系。这一点非常关键，因为弹子机价格并不是很高，理发师完全可以自己花25美元去买台弹子机。如果那样，巴菲特就没法再从中受益了。

除了和理发师处好关系外，巴菲特两人还利用各种明示或暗示的方法，让理发师们相信，一个季度得花400美元雇一个人修理弹子机。

随着生意越来越好，两个人决定要迅速扩大营业规模，多买几台机器，多设几个点，并且在内部进行了人员分工。巴菲特管钱，负责筹措资金进货，而且负责记账并打印出每个月的账务情况报告。

而丹利管技术，如果机器出故障了——事实上，这些旧机器经常出故障，理发师们就马上通知丹利，丹利和巴菲特就驾驶着丹利那辆老掉牙的别克车，轰隆隆地开过去，丹利负责修理它们。

大约一个月之内，他们就在3家理发店里设置了弹子机，生意好得不得了。很快，他们又扩大到了7家。在挑选理发店地址时，巴菲特总是坚持选那些较小的，远离主要街道的地方。

“可是如果我们选那些位于热闹街市的大理发店，生意不是会更好吗?”丹利很不理解巴菲特的用意。

“老兄，别太贪了。我听说那些主要街道都是由黑手党或者其他有势力的人控制的，是要交什么‘保护费’的。”巴菲特仔细地讲给朋友听，“如果他们要控制我们的生意，我们两个小孩子哪里斗得过人家。还是老老实实地赚我们的小钱吧!”

在和理发师打交道的过程中，巴菲特和丹利两人都还是孩子，这使得那些理发师们老是想欺负他们。为了应付这个问题，巴菲特也想出了许多点子。

一次，巴菲特和丹利去和一个客户打交道。那位理发师不客气地说：“你们的机器老是出毛病，早就应该换几台新的机器了!”

“没问题，我一定向我们老板反映，争取给你换几台新的机器。”巴菲特随机应变道。

理发师奇怪地问道：“怎么，以前不是说你们就是弹子机的老板吗? 你们上面还有老板?”

丹利接着说：“先生，你误会了。我们这么小哪能当老板呢! 我们两个只是给老板服务而已，而且我们只是负责这一带的弹子机，我们的老板还有许多弹子机呢!”

理发师惊讶地说：“是吗? 你们老板是谁啊?”

巴菲特和丹利故意相互看了一眼，巴菲特说：“对不起先生，我们老板的名字是不能对外说的。他是一位很有地位的先生，这一带的政府和黑手党，都要给他一些面子呢!”

听了巴菲特的话，理发师也不知道巴菲特的话到底是真是假。但心里毕竟还是有所顾忌的，以后对巴菲特两人态度上明显地好起来了。

他们很严肃地走出理发店，坐进汽车，关上车门，巴菲特和丹利突然不约而同地狂笑不止，直至笑痛了肚子。

他们每周都开车巡查一次，将这出戏按不同的方式重演一遍。他们投资的所有理发店店主们最后都相信了他们的话，认定这两个男孩子来头不小。而他们却在事后津津有味地模仿着店主们的言谈举止，觉得异常开心，再也没有人试图欺负他们了。

“丹利，你知道我们这周的收支情况吗？”一天，巴菲特极其忧虑地问朋友。

“怎么了？我们不可能赔钱的！”丹利观察着巴菲特的表情，担心地问。

“不是赔，而是……”巴菲特拿出财务表，突然放声大笑，“大赚特赚，我们一周就赚了几百美元，丹利，我们要发财了！”

“哇，我不是做梦吧，巴菲特，生活真是太美好了！”丹利兴奋得两眼放光。

“我说，兄弟，我们应该给我们的事业起个名字，一个别人问起时叫得出的响亮的名字。”丹利提议道。

“威尔逊！我已经想好了，就叫‘威尔逊角子机公司’。”巴菲特毫不犹豫地回答。两个人都沉浸在对未来的无限憧憬之中。

就这样，巴菲特和丹利两人通过弹子机赚了许多钱。

巴菲特因此而积攒下来一笔小财：5000 美元，闪闪发光的一堆钱，给年轻的巴菲特带来了无穷的乐趣，也激发了他走向更加辉煌的信心。

充实的校园生活

在爸爸当选为国会议员之后，巴菲特来到华盛顿市，曾经先后就读于迪尔初级中学和威尔逊中学。

巴菲特如饥似渴地读着每一本可以搞到手的商业类书籍，钻研着各种商业报表，同时为他的送报路线和弹子机生意操劳着。家里人和朋友们都看到了他这种不懈的奋斗过程。

关于他是投资股票方面的专家的猜测甚至纷纷流传到了学校，所有老师和学生都知道高年级有个叫巴菲特的“股票专家”。据说是投资方面的天才人物，连老师们都千方百计想从他那里挖出一些关于股票方面的知识。

一天，巴菲特被请到了教师办公室，有许多老师正兴致勃勃地观察、打量着他。“巴菲特，听说你对股票很在行?”一位老师率先发问。

“不，我只是对股票比较感兴趣罢了。”巴菲特已经又恢复到那种又温顺又谦逊的样子。

“那么，最近有没有买进什么股票啊?”另一位老师抛出了最想知道的重点。

“买倒没买什么，不过最近抛出了一手股票。”巴菲特慢吞吞地回答，故意卖了一个关子。

“哦，你抛了什么股票?”一个急不可耐的声音。

“AT&T 股票。”一丝不易觉察的笑意偷偷爬过巴菲特的嘴角。

“什么?!”几位老师同时大叫起来，“AT&T 可是美国电话电报公司的股票，是王牌股票，一直在升，从没降过啊!”

“话虽这么说，不过，从目前大盘走势来看……”巴菲特捡起一根粉笔，在黑板上熟练地画出一个报表，开始了他长篇大论的解释。

一群老师像学生一样认真地听着这位学生的理论，时而赞同地点头，时而迷惑地皱眉，待巴菲特志得意满地放下粉笔时，有数位老师已经神情沮丧，恨不得立刻跑到股票交易所抛出 AT&T 了。

巴菲特一走出办公室，立刻就被在门外等候已久的丹利搂住了脖子：“沃伦，你的口才真厉害，我看老师们都快听傻了，看上去你倒像是他们的老师呢！”

“这算什么，我只是给他们做一下简单的股市分析罢了，反正难得有人听我讲。”

“可是，沃伦，AT&T 真的要跌吗？”

“我只是和他们开个玩笑而已。丹利，”巴菲特好笑地看着朋友，“我知道许多老师手里有 AT&T 股票，他们又都认为我很懂股票，我想如果我做 AT&T 的话，他们一定会害怕自己的退休金都要泡汤了。”

“沃伦，你胆子太大了！”丹利简直难以置信。

“你放心，股市最近没什么波动，抛出买进不会有什么损失。”巴菲特的神情变得很严肃，“不过，做股票一定要相信自己的判断，有足够的耐心与信心，人云亦云是不会有大收获的。”

如果巴菲特上常规的三年制高中，他从威尔逊中学毕业的时间就应当是 1948 年 2 月。但是，聪明的巴菲特仅用两年半的时间就修完了全部学业，于 1947 年 6 月取得毕业文凭，时年 16 岁。

在威尔逊中学 1947 届 350 多名同学中，巴菲特名列第十六位。和巴菲特相比，他的好友丹利在学习成绩上则显得优秀一些，他获得了排名第一的成绩。

参加完毕业典礼后，巴菲特和他的好友丹利带着红彤彤的脸颊、笑盈盈的双眼，兴冲冲地一起回到巴菲特家，腋下挟着一年一度的威尔逊年鉴。

这是老传统了，威尔逊中学每年都要对自己的毕业生做一番评述，不仅记录下他们的青春容颜，还要预测他们的事业走向。

家里人早已对两位优秀生等待已久，纷纷围过来表示祝贺。

小妹罗贝塔眼尖，一把抢过哥哥手里的威尔逊年鉴，口中不住嚷嚷："让我看看上面是怎么写沃伦·巴菲特的！"

她的小手迅速翻动着纸页，很快就在"B"字开头的名字中找到了哥哥，戏剧性地清清嗓子，所有人便都安静下来听她清脆的童音念道："……有一双明亮的，流露着渴望的眼睛，整齐中分的头发和温顺的笑靥。"

她做了一个鬼脸，巴菲特的脸都涨红了。罗贝塔继续念出职业预测这一栏："喜欢数学……是一个未来的股票经纪家。"

这回没有任何人表示异议，所有人都深以为是地点头表示赞同。

霍华德将儿子叫到书房，要和他认真谈谈他的大学选择问题。专业没什么问题，关键是读哪所大学。

"沃伦，附近宾夕法尼亚大学的沃顿商学院很有名气，你可以去那儿的财务和商业系念书。"他提出自己的建议。

"可是，爸爸，我去学校念书只会浪费青春。"巴菲特却有自己的主意，"我已经挣了5000多块钱了，分发了将近60万份报纸，开了威尔逊角子机公司，买了一个内布拉斯加农场，还读了不下100本有关商业的书籍，我还需要学什么呢？"

"可是你仍未成年，仍然需要学习。"霍华德耐心地提醒巴菲特，"学校教给你的将是完整、系统的专业知识，这和你自学摸索得来的理论是大不相同的。"他慈爱地拍拍儿子的肩，"我还要在华盛顿工作一段时间，我和你母亲都希望你能在离家近一些的大学念书。"

"好吧，爸爸，我听你的安排。"巴菲特妥协了。经过爸爸的一再劝说，本来不愿继续读书的巴菲特接受了爸爸的建议，答应在华盛顿附近找一所大学继续学习。

就这样，巴菲特终于选择了宾夕法尼亚大学攻读财务和商业管理，并在当年开始了学习。宾夕法尼亚大学的学习生活使巴菲特感到非常不开心，他认为他就读的沃顿商学院虽然名气很大，但所开课程并不能让他感到满意。

巴菲特曾经对他的朋友说：

沃顿商学院的教授们确实很优秀，教的理论也很完美。但是在如何赚取利润的细节上，总是极度无知。

而我最希望学的就是如何能够赚取到更多的利润。因此，我感觉到很失望。

也许正是因为对学校生活的失望，假期一到，巴菲特就急忙赶回了家里。一回到家，巴菲特就急忙找比他大一岁，并同自己一起做过生意的同学丹利。

一见到巴菲特，丹利就高兴地说："嘿！沃伦，你来得正好。我正有一件事要告诉你，我们这个假期又有事情可以做了。"

"真的，什么事?"憋闷了一个学期的巴菲特兴奋地望着丹利急切地问。

丹利说："我在巴尔的摩南郊发现一辆劳斯莱斯轿车，只要几百美元就能搞到手。我们一起去把它搞回来吧！"

"那可是个贵族车啊！行，我们一块儿去把车子搞回来，可以搞出租。"巴菲特回答道。

当时，巴菲特和丹利驾驶着一辆，也是他们唯一那辆 1938 年产的别克轿车，前往巴尔的摩了。

后来丹利成为蒙桑托公司的技术董事，尽管现在他已然退休在家，但是当他回想起和巴菲特在 1947 年从巴尔的摩购买轿车的情形时，仍记忆犹新。

丹利说："这辆车是在巴尔的摩南郊一个废品收购站发现的，这辆车是作为废铜烂铁出售的，作为交通工具已经没有什么价值，它被称作女士购物车，前面有一个供司机使用的单人折叠座椅，后面有一个双人座椅。"

虽然车很破，但这并没有动摇丹利和巴菲特两人的购车兴趣。经过一场激烈的讨价还价，巴菲特两人终于以350美元的价格，买下了这辆1928年产的劳斯莱斯轿车。

开着这辆劳斯莱斯回去，巴菲特两人都非常兴奋。然而，麻烦还是有的。因为这辆劳斯莱斯车的燃油系统有故障，他们必须每隔六七千米路程就得加一次油，而他们回家的路途是40千米，因此这是一个相当烦人的路程。

除此之外，这辆车运行正常，只不过车速不快罢了。一路上，基本上是丹利驾驶这辆劳斯莱斯车，巴菲特则坐在"女士"座位上，而当时正同丹利谈恋爱的同班同学诺玛则驾驶着别克轿车尾随其后。

眼看就要到家了，巴菲特他们又遇到了一个小麻烦。当他们到达华盛顿时，由于没有汽车牌照而被警察拦住。

面对可能会被处罚的命运，巴菲特又施展起了他卓越的口才："警官先生，先别忙开罚单，我们正打算把这辆车开回去好好修理一下呢！等修好以后，我们一定办牌照。"

警察自然不会这么轻易答应巴菲特的要求，但巴菲特并不放弃，他又对警察诉说他们是如何卖报才赚了一点钱，买了这辆破车，并从老远的巴尔的摩一路辛苦地开过来的。

就这样，在巴菲特的一再诉苦下，警察终于给这辆没有牌照的汽车放了行。

汽车开到家后，他们把车放在了巴菲特家的车库里。紧接着，巴菲特和丹利一起开始修理起了这辆非常破的劳斯莱斯。

经商在行，修理汽车巴菲特可就不行了。他们各有所长，丹利是技术能手，而巴菲特是财务行家。

后来丹利曾经回忆说：

> 修车时，我们把这辆车放在巴菲特家车库。我愿意打理它，有些人说我们共同打理它，其实，巴菲特不善于拧螺丝帽，也不会做任何技术性工作。他只是站在一边，读商业方面的书给我听。

就这样，花了近一个夏天的时间，这辆破烂不堪的劳斯莱斯终于被修好了。

修好以后，如何利用这辆车那就要看巴菲特的了。经过两人的短暂商量后，两人决定采取巴菲特的措施，对外出租，租金为一天35美元。

通过弹子机和出租劳斯莱斯，巴菲特的经商才能得到了很好的体现。因此，丹利后来就曾说："当时，我就知道他准是一个赢家，但我没想到他会这么成功。"

从1947年开始，巴菲特一直在宾夕法尼亚大学的沃顿商学院学习。尽管沃顿商学院是全美范围内供本科生就读的最有地位的商学院，本杰明·富兰克林创建了宾夕法尼亚大学，并曾经留下"时间就是金钱"、"借钱味难尝，使人心悲伤"等影响全世界的名言。

然而，巴菲特似乎并不喜欢这里。这个地方到处都是一些富家子弟。有时还会有第二次世界大战的老兵成群结队地走过学校的绿地，当时宾夕法尼亚大学校园的中心生活区，简直成了这帮老兵的天下。

很明显，学校的这种环境使巴菲特感到有些不满意。同时，家庭的变化也促使巴菲特作出一些选择。

1948年，巴菲特的爸爸在竞选中失败了，接着全家人又都回到了奥马哈。这样只有巴菲特一人孤零零地留在东部了。

更为重要的是，在宾夕法尼亚，巴菲特没有送报业务，没有弹子机，也没有其他好的生意可以做，这使巴菲特非常的无聊。

虽然很无聊，可是他在这儿也有过快乐的时光。他在这里一共待了两年，最大的收获不在学业上，而是结交了一批朋友，为自己未来的投资者联营播下了种子。

一推开房门，巴菲特就被一双手热情地握住了，“我是查尔斯·彼得森，你肯定是沃伦·巴菲特了。”那人先作了自我介绍。

“啊，对！”巴菲特从说话人的口音中听出了熟悉的味道，“奥马哈人？”

“是呀，奥马哈人！”于是两个老乡立刻又来了一次热情洋溢的拥抱。

他的另一个室友可远没有这么热情，只淡淡地点点头，简单地说了名字：“哈里·贝雅。”他是个黑发黑眸的墨西哥人。

三个人一起开始了新生活，共同上课，共同吃饭，彼此之间说话都很直率。

一天，他们在学生食堂用餐，巴菲特说贝雅入学虽短，但已经是校园里最严肃的学生了：“别人问我的室友怎么样，我常常自豪地告诉他们：我和一位墨西哥的‘印第安人’住在一块儿。”

“我才真正的骄傲呢，工业课考试唯一得到‘A’的两个家伙居然都是我寝室的。”查尔斯是个很好相处的人，最大的优点是绝不嫉妒。

“可我花的工夫要比沃伦多得多！”贝雅皱着眉头，口气很是不满，“这家伙太聪明了，轻而易举就能取得高分。”

“怎么，不服吗？”巴菲特装出一副挑衅的样子。

“不，恰恰相反，我很喜欢你，沃伦。”贝雅说起话总是一板一眼，绝不开玩笑，“你正是我理想中的那类美国人——诚实，平易近人，绝不摆架子的中西部佬。”

尽管有亲朋好友，但巴菲特仍然对宾州大学很不满意。他认为沃顿商学院虽然名气很大，但课程设置却并不出色，有些“盛名之下名实难副”的感觉。

放假一回家，他就直截了当地对父亲说：“爸爸，我不想再念了。”

“为什么？你的成绩不是很好吗？”霍华德不明白儿子又怎么了。

“可是我不喜欢那种模模糊糊走极端的方式。”

“什么方式？沃顿的教授都是很出名的。”

“是，教授们每个人都有一套完美的理论，但在如何赚取利润的实践细节上却都极度无知。我所渴求的却正是后者。”巴菲特已经想得很清楚。

“读书就像你做股票一样，一旦开始，就应该坚持下去。也许因为你刚刚读大一，课程深度还不够，所以才不能满足你。”霍华德仍然坚持自己的意见，“无论如何，我都希望你再坚持一年。好吗，沃伦？”

念大二时，他转宿舍，住进了阿尔法·西格玛大厦。那里的学生在就餐时都打领带穿夹克，旁边还有侍者服务。巴菲特不愿去上课，每天吃完午饭，就一屁股坐进窗旁雕花的桥牌座椅里，和大家一起打纸牌或桥牌，但门门考试却仍能拿到高分数。

有意思的是，巴菲特作为球迷的典范，居然被印在了一份学生杂志《宾大画报》的封面上。他叼着雪茄，戴着圆顶礼帽，穿着熊皮外套，手拿着白兰地酒瓶向身边的女友递去，脸上挂着满足的笑容。图片的背景是一幅用蒙太奇手法拍摄下来的宾州大学行进车队，和一个戴皮头盔的带球者的形象。

所有认识巴菲特的人看到这幅照片都会忍不住惊呼：“这是沃伦吗？开玩笑！”

事实上，这个封面也的确是个玩笑。巴菲特的朋友查坦克·奥兰斯是杂志编辑之一，封面是他的杰作。

巴菲特可能像任何人，就是不可能像封面上的那个男孩。他从不喝酒，在女孩子面前会觉得不自在，而且也不是一个善于社交的人。第二次世界大战后的美国大学校园里，有许多受政府资助上学的第二次世界大战退伍士兵。在这些年长的学生中间，18岁的巴菲特看上去就像一个来参观的小家伙。

一次在课堂上，研究生院的一个讲座人重述课文中的一个答案时，发现巴菲特正笑容满面地看着自己，他禁不住问了一句："沃伦·巴菲特，你笑什么，难道我讲错了吗？"

"啊，不，先生，您背得相当正确，"巴菲特很客气地回答，"只是忘了一个句号而已。"

整个课堂立刻哄堂大笑。讲演人气得满脸怒容，低声喝道："你以为你是谁！"

巴菲特只是耸耸肩不作答，而他的同学却拉长声答道："他是沃伦·巴菲特，先生，您最好不要质疑他的记忆力。"巴菲特在这种场合下绝非哗众取宠，他只是很厌烦那种刻板、教条的教学方式罢了。

事实上，他在费城的股票交易所里耗去了大量的时间。他跟踪各种股票的行情，研究图表，也探听内部消息，但却没有建立一个专门的投资体系。

宾州大学也许是一所让人喝彩的好学校，但它并不能给予巴菲特以他所渴望的智慧上的满足。

1949年，巴菲特终于选择离开了赫赫有名的沃顿商学院，来到奥马哈所在的内布拉斯加州，并转学到了内布拉斯加大学，开始了新的学习生活。

自从巴菲特回到内布拉斯加以后，他只是一个名义上的学生。实际上，巴菲特来到这里的目的，主要还是在发展他自己的事业。

当然，巴菲特毕竟是个学生，为了不让学习成绩不会变得太差，他还为自己计划了一项艰苦的任务，那就是要在1949年秋季上5门课，1950年春季上6门课。

巴菲特所选择的这些课，其中多数是商学和经济学的课。

学习之外，巴菲特又把他的精力放在了他的经商上。这一次，他又重新操起了他的旧业，即卖报。不过，这一次的卖报和以往已经大不相同，因为巴菲特不用再自己去送报了，而是成为了一群报童的头头了。

巴菲特的这份工作是这样的，当时，林肯杂志社要找一个人来监督下面几个乡村报童的工作。在招聘时，具有多年送报经验，又具有非凡口才的巴菲特，成功地打动了面试官，拿下了这份工作。

正式上岗后，巴菲特开着一辆1941年产的福特车，在西南部奔波，为林肯杂志社监督6个乡村的报童。

这项工作的报酬是每小时75美分，报酬虽然不是很多，但巴菲特感觉很开心，因为自己一下子管理起50多个孩子，这让他感到很有成就感。

起初，杂志社的负责人马克·西克雷斯特非常担心一个10多岁的学生能否胜任此项工作。但经过一段时间以后，马克·西克雷斯特放心了，巴菲特把那些报童“管理得妥妥帖帖”。

当然，巴菲特为了做好这项工作，也花费了很大精力。为此，他每周去学校取回家庭作业，然后闪电般地做完。然后就立刻全身心地投入到他繁忙的工作中去了。

对于巴菲特而言，这可是分量很重的工作，后来他还曾回忆道：

假使你在大学念书的时候，在苏厄德或波尼城或威平沃特有一条路线，你得找一个小孩来做每天发15份报纸的工作或是类似的事情，你还得在下午晚些时候或晚上早些时候找到他，这确实是一种劳动。

巴菲特的工作不仅让老板满意，也得到了50多个报童的认同，他们亲切地称10多岁的巴菲特为“巴菲特先生”。这令巴菲特非常开心，他第一次感觉到了经过自己的劳动而获得人们尊敬的满足感。

每看到巴菲特匆匆忙忙，只关心经商，对做礼拜等活动不够认真的样子，伍德就会忍不住地说：“沃伦，你已经把《圣经》读了三四遍，却依旧对此知之甚少，真让人不可理解!”

看到虔诚的姐夫紧紧皱起的眉头，巴菲特强忍住笑说：“我比较关注今生，而对来世的一些东西，现在还没有多少精力来考虑。”

听到这样的话，虔诚的伍德只好摇摇头，不再说什么了。

巴菲特确实事务繁忙，他下午较晚的时候才能从那份报纸工作中解放出来。回到家后，读读《华尔街日报》，然后和伍德一起走进一个油腻的小饭馆里吃点土豆泥、牛肉、肉卤之类的晚餐。

除了闲聊，巴菲特也没有忘记学习。他用最快的速度完成了学业。同时他又一边干着实际是全职的工作，一边依旧打着桥牌。

到了那年冬天的时候，巴菲特又重新操作起了他的高尔夫球生意。做高尔夫球生意对巴菲特来说，可不是第一次了。原来，巴菲特八九岁时，曾经到奥马哈乡村俱乐部，给那些打球的有钱人当球童。

奥马哈的夏天是非常热的，简直能把人烤焦了。但家境富裕并不缺钱花的巴菲特，照样天天来，就为了干一天挣大约3美元。

那时的巴菲特又瘦又小，结果那些客人都不好意思让他背球包，宁愿自己背包，照样给他小费。这样一来，巴菲特的球童工作就更好做了。

就在当球童时，巴菲特注意到，经常有人用力过度，或者方向失误，就把球打飞到球场外面了。球飞得太远，没法捡，也没人捡。此时，具有极强经商意识的巴菲特，脑子一转，想出了一条发财之路。

说干就干。巴菲特立刻动员了半条街上的小孩子，去捡别人打飞的高尔夫球。人多力量大。过不了多久，巴菲特的卧室里就堆满了好几筐高尔夫球。

对于普通人来说，可能把球捡回来就算完事，而巴菲特并没有这样做。他做事非常仔细，按照不同的品牌和不同的价格，把这些球放得整整齐齐。

这时一些小伙伴劝巴菲特说："我们把球卖给巷子口的那家体育用品店吧！"

还有人建议说："不如直接卖给高尔夫球俱乐部吧！咱们这球虽然不是新的，但和新的也没啥区别嘛！"

然而，巴菲特一一否决了他们的提议，因为他另有打算。巴菲特向大家提出了他的主意："这些球当然要卖，但不是卖给体育用品店，也不是卖给俱乐部，而是直接卖给那些打球的人。"

说完主意后，巴菲特给每个小孩一包 12 个高尔夫球，让他们去到球场卖。因为这些球和新的没有太大区别，但是价格比新球便宜多了，所以非常好卖。

那些小孩卖完一包，就赶紧回来找巴菲特，但得先给巴菲特交提成，才能再拿一包球去卖。很明显，在这个交易中，巴菲特是小老板，这些小孩是跑腿的销售员。

后来，巴菲特又想了一招，他要把高尔夫球生意做得更大，他在高尔夫球场旁边建了一个简易棚子，挂上招牌：高尔夫租球店。

很明显，这一次巴菲特不卖球了，改成了租赁。对于打球的人来说，租球更便宜，租球的人比打球的人更多了，巴菲特的生意也就更好了。

这样就造成了一种情况：要是哪位先生把球打飞了，也就相对于向巴菲特交一次罚款。而巴菲特则让小伙伴们把球再捡回来，还给那些交过"罚单"的人。

当然，也许是巴菲特的生意实在太火了，火得那些大人开的专业租售店也眼红。

有一天，一个附近的体育用品店老板就向警察举报了巴菲特。警察来到后，就毫不客气地把巴菲特和那群专门捡球的小孩子们赶走了。

没办法，那时的巴菲特属于无证营业，只好撤了。

这一次，20 岁的巴菲特再做高尔夫球生意，规模比以前大多了。这次是做一项严肃体面的事业，成立了“巴菲特高尔夫球公司”，并任命奥兰斯为他在费城的代理人。

至 1950 年 1 月时，巴菲特恳请他的朋友奥兰斯着手开始做生意：我认为回到那儿的男孩还不太常打高尔夫球，因此我保证 3 月 1 日，你可以开始销售你认准的那种高尔夫球。不要犹豫，该下订单了。

当巴菲特的代理人奥兰斯对那些二手高尔夫球的质量提出质疑时，巴菲特许诺对任何残次品负责赔偿损失，而且向奥兰斯保证他的高尔夫球质量绝对可靠。但是，他附加了一句：“不要把它们放进任何太热的地方。”

奥兰斯的工作是卓有成效的，到三、四月份，巴菲特就给奥兰斯发了一批货，并以轻松却是中肯的口气提醒他的好友：“巴菲特高尔夫球公司并不是一个慈善企业。

“我想这时候你一定沉浸于出售这些漂亮玩意所获得的大笔利润带来的享受之中。这些东西我都错误地寄给了你父亲的合伙人。但是，别忘了只有当你结清一张价值 65.94 美元的支票后，我们才能共享费城的兴盛。”

至 7 月为止，他们卖了 220 打高尔夫球，从中赚了 1200 美元。把所有的业绩加起来，巴菲特的积蓄已经达到 9800 美元。

积极面对挫折

1950年，巴菲特大学毕业了，并顺利地拿到了大学学位。爸爸霍华德非常高兴，在家里给他举行了一场规模不是很大的庆功会。

当天晚上，霍华德问巴菲特："沃伦，你下一步打算干什么呀？打算到我的股票交易所来吗？"

巴菲特摇摇头拒绝了，霍华德有些失望，但仍提出了第二个选择："要不你去杰·西·宾尼的公司？他很欣赏你，愿意给你一个好职位。这可是多少年轻人梦寐以求的机会。"

"我不喜欢他的工作方法。"巴菲特拒绝得仍然很干脆。

"那你想干什么呢？难道现在就想独立干吗？"霍华德有些搞不懂巴菲特的心思。

巴菲特提出了一个让爸爸感到吃惊的要求，他说："爸爸，我要继续读书。"

霍华德惊讶地望着巴菲特说："什么？继续读书？"霍华德真是大吃一惊，"你不是一直盼望着早些毕业吗？还总是抱怨学校没什么可教给你的，现在怎么却又喜欢上读书了呢？"

"您看，这是我的账本。"巴菲特掏出一个小本子，上面用整齐的笔迹密密麻麻、仔仔细细地记下了他每一分钱的收入，"城市设施股票、送报、卖高尔夫球、租弹子机……从小到大，我一共攒了9800美元，每分钱都来之不易。"

他凝视着父亲，继续说："我还能这样干下去，攒下去，但攒钱并不是我的目的，它只是一个准备的过程，我并不喜欢这种一点一滴积攒的方法和理念。您知道，这么多年来，我一直在寻找一种符合自己的理论框架的实践方法，靠个人去一点点摸索是非常困难的，我需要名师的指点和帮助。”

巴菲特认真地接着说：“我的目标是赚大钱，以前上学时经商虽然挣了一些钱，但我感到要想挣到更多的钱，必须要有一定的知识才行。”

看到巴菲特如此上进，思路如此清晰，在股票领域摸爬滚打了多年的霍华德非常高兴。他兴奋地说：“对，沃伦，要想挣大钱必须要有很深厚的理论知识才行，靠送报和卖球那种生意是很难发财的。”

停顿了一下，霍华德又问巴菲特：“沃伦，你打算申请哪个学校的研究生呢？你要知道，择校也是很重要的啊！”

“我已经申请了哈佛商学院。我认为凭我的能力，哈佛一定会录取我的。”巴菲特信心十足地回答道。

哈佛是美国乃至全世界最好的大学之一，哈佛大学每年收到近30000份入学申请，而录取率仅为7%。很明显，巴菲特要想进入这个学校的商学院，是有一定难度的。

1950年7月，巴菲特坐上了开往芝加哥的火车。按照哈佛大学的惯例，新生的入学面试大都是由一位校友进行初步遴选的。

面试者将这个瘦瘦的不修边幅的男孩上上下下打量了足有一分钟，实在不肯相信他能符合哈佛人士的风采。他简单地问了巴菲特几个基本问题，漫不经心地在纸上记了些什么，最后才随便地问：“你今年多大了，孩子？”

“19岁，先生。”巴菲特觉得憋了一肚子的火无处可以发泄。

“啊，真是年轻啊！事实上，太年轻了。现在读研究生院也许太早了，你能不能再等上一两年呢？”面试者找出了一个很好的借口。

“可我的智力与成绩都表明我有能力、也有资格读研究生院！”巴菲特还想申辩一下。

“好，好，我们会考虑你的申请的，你回去等我们的通知吧！”面试者看上去很宽容和蔼地将巴菲特送了出去。

后来，哈佛这位校友对巴菲特的评价是：“19 岁，由于身材消瘦，看起来像只有 16 岁的样子，相当于一个 12 岁少年的体重。”

会面大约持续了 10 分钟，然后那位校友的拒绝的话把巴菲特打入失望的深渊。在美国没有什么比收到大学拒绝信更让 10 多岁的年轻人感到恐惧了。由于每年秋季美国大学新生班都有 200 多万名学生，数十万申请者将很快会收到这种令人沮丧的信件。

这些被拒绝的年轻人有些是后来的成功人士，包括诺贝尔奖获得者，亿万富翁慈善家，大学校长，研究机构的学者，畅销书作家及商业、媒体和艺术界的领袖在内的许多人，均曾收到大学或研究生院的拒绝信。

很快，一向自命不凡的巴菲特也收到了来自哈佛大学的拒绝信。这对巴菲特来说，无疑是一个非常大的打击。

信里面用客气的套话，遗憾地通知巴菲特他没被录取。巴菲特一遍遍地读那封短信，脸涨得通红。家里人都故作不知地各忙各的，东拉西扯找话题，希望能减轻他的尴尬。

霍华德等巴菲特的情绪平静一些后，才小心地提出建议：“沃伦，也许我能通过朋友，帮你联系一下。”

“爸爸，不要再说了。”巴菲特打断了父亲的话，目光炯炯地说：“我还受得住这点打击，一所不成我还可以申请第二所！”

巴菲特在给他的朋友杰尔·奥瑞斯的信中写道：

哈佛那些家伙太自命不凡了，他们认为，我只有 19 岁，太年轻了，不能被录取，并建议我再等一两年。所以说我现在面临着一个严酷的事实，因为我已经在此吃住有 4 个星期了。

我父亲希望我能到某个研究生院继续学习。但是，我却很不喜欢这个主意。

被哈佛大学拒绝，确实给巴菲特带来了很大的痛苦，但后来的事实证明，这对他来讲也未尝不是一件好事，因为他很快就意识到，教授商业课的权威教授在哥伦比亚大学。

于是，巴菲特又向哥伦比亚商学院提出了入学申请。两个星期之后，巴菲特再次写信来说："说实在话，当我收到哈佛大学的来信时，我有点被打垮了。此后不久，我又等待着哥伦比亚大学的空白申请书。他们大学有个非常好的经济系。至少他们有几个教授普通股票估价课程的大人物，像格雷厄姆和多德。"

本杰明·格雷厄姆对于巴菲特的一生都起到了重要的作用，巴菲特十分崇拜格雷厄姆。1894 年，格雷厄姆出生于伦敦的犹太裔家庭，他继承了犹太人的精明和天生的商人的敏锐。

在巴菲特与伍德同住时，巴菲特刚读过格雷厄姆的一本新书《聪明的投资者》。伍德发现巴菲特房间的灯亮了一宿，早晨进去时看到他正无比珍爱地抚摸着手中的一本书，好奇地问："这么引人入胜吗？什么书？谁写的？"

"格雷厄姆教授，一个了不起的人物！"巴菲特两眼中充满了崇拜之情，"我还从来没见过这么实用、有效的理论呢！"

"哈哈，看来你终于找到你的上帝了！"伍德打趣地说，他也从未见过巴菲特这样崇拜一个人。

往事犹在目，声音犹在耳，巴菲特已经把最后的希望押在了哥伦比亚研究生院。

很快，巴菲特就收到了哥伦比亚大学接收他入学的通知。从此，他师从格雷厄姆教授，学到了许多扎实的股票知识，为他成为一代股神奠定了理论基础。

充分积蓄能量

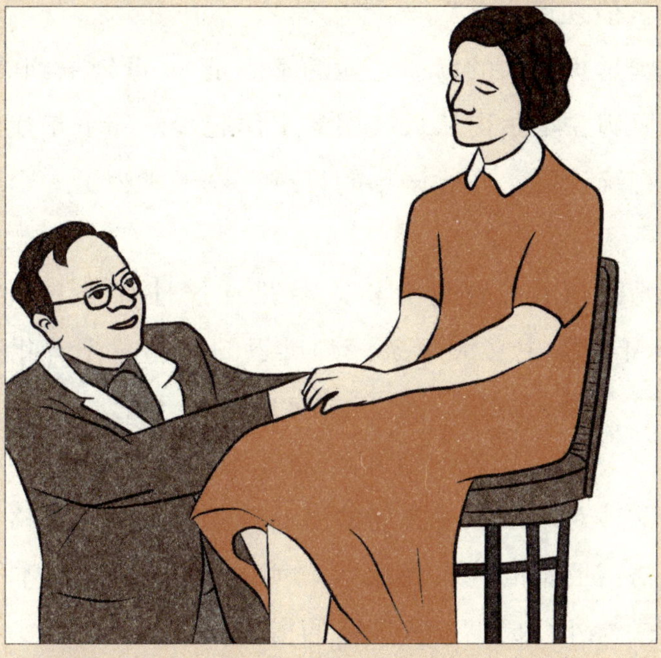

做任何事情都要有底蕴，而底蕴是指扎实的理论基础。

——巴菲特

得到名师教诲

虽然被哈佛拒绝了，但能够进入哥伦比亚大学，巴菲特显得更兴奋，因为他知道哥伦比亚有他向往已久的老师。

其中最有名的就是格雷厄姆，他是著名的股票专家，被业内人士誉为“投资价值理论之父”。

格雷厄姆是犹太人的后裔，他的家庭是18世纪末到美国的移民。最初，格雷厄姆在华尔街从最底层的工作起步，那个年代没什么证券分析家，只有统计员，经过多年的打拼，终于成为了一个著名的投资学理论家。

格雷厄姆的《有价证券分析》就是在这种背景下产生的，它其实是对1929年资本主义大萧条深刻反思的产物，凭借此书格雷厄姆在有价证券这一行创立了一整套卓有成效的理论，成为了华尔街的《圣经》。

在入学前，对股票非常着迷的巴菲特就曾经阅读过格雷厄姆的著作，那就是格雷厄姆的代表作品《聪明的投资者》。这本书的目的是以适当的形式给外行提供投资策略的指导。

书中的理论不鼓励投资者短期的投机行为，而更注重企业内在价值的发现，并强调“对于理性投资，精神态度比技巧更重要”。

这本书正好于1949年出版，被誉为是投资界的金科玉律，有史以来最伟大的投资著作！是每一位华尔街人士的圣经！

1950年，19岁的巴菲特进入哥伦比亚大学商学院，拜师于他向往已久的投资学理论学家本杰明·格雷厄姆，开始系统地学起了投资理论。

巴菲特是那种认准了目标，就全力以赴的人。自从他能够在格雷厄姆的指导下学习后，他就一心一意地想着能从才华横溢的老师那里学到东西。

1950 年学期班上，格雷厄姆有 20 个研究生，多数人年龄较大，有些人还在华尔街股市工作过，巴菲特在其中显得年轻幼稚，毫不起眼。

当时，巴菲特是格雷厄姆众多学生中年龄最小的一个，当然也可能是知识最丰富的一个。

在日常的听课中，巴菲特听课非常认真，也非常积极。当格雷厄姆发问的时候，巴菲特必然是第一个举手，并立刻开始发言。

不要以为做大师的学生是件容易并荣耀的事，几乎所有的大师都有着各自的怪癖或者说特点，格雷厄姆也不例外，他最大的特点可能就是对于门下弟子们的刻意刁难，尤其是那些勇于提问的学生。

当然，这应该算是他的教学特色，往往他在拆招解答的过程中向学生们传授自己的修道心得，很显然并非所有人都适应大师的这一习惯。要想向大师提问务必要打起 12 分的精神，做好一切被反问甚至被刁难的准备。

第一堂课，格雷厄姆就创造了一种很戏剧性的氛围。他拿出 A、B 两张对比鲜明的资产负债表，淡淡地说："大家先做一下分析。"

学生们知道老师在测试自己，不敢怠慢，很快得出了合乎逻辑的分析结果，肯定了业绩出色的 A 表，否定了 B 表。

"分析得很好。不过，"格雷厄姆摘掉盖在表头上的字条，"这两张都是波音公司的资产负债表，只不过分别是在飞机制造史上的高潮和低谷的不同时刻罢了。"

他扫视了一下满面通红的众弟子们，微微一笑："股市也常常是这样变幻莫测的，而股票投机主要就是 A 试图判断 B、C、D 会怎么想，而 B、C、D 反过来也作同样的判断。"

他拿出使自己成名的《有价证券分析》一书接着说："我主张投资者们的注意力不要只放在股票交易所的行情机上，而要放在出售股票的企业身上。通过分析盈利情况、资产情况、未来前景等诸多因素，投资者可以对公司独立于其市场价格之外的'内在价值'形成一个清楚的概念。"

"那么，教授，投资的秘诀就是在市场价格远远低于内在价值时投资了？"学生中一个瘦瘦的年轻小伙子突然发问道。

"正确。而且要相信市场趋势会回升。"格雷厄姆赞赏地看了一眼这个学生，补充道。

"一个人并不需要精确地衡量出股票价值，股票经纪人所需要的能力应该是什么呢？"格雷厄姆抛出了一个问题。

别的学生刚刚皱起眉头考虑，曾经发问的小伙子已经眉开眼笑地做出了答案："他所需要的是有能力挑选出那些偶尔出现的，运作价格远远低于其内在价值的公司。"

"回答得很好。"格雷厄姆点点头，"顺便问一下，你叫什么名字？"

"沃伦·巴菲特。"

这第一堂课给两个人都留下了深刻印象。格雷厄姆记住了这个脱颖而出的小伙子，发现了一个反应无比快捷、灵敏的爱徒；而巴菲特更是认定自己终于找到了一位名师、一位偶像。

巴菲特的一个名叫杰克·亚历山大的同学后来曾经说，巴菲特和格雷厄姆的互动，使班上的其他人都变成了"二重奏"的听众。从亚历山大的这句评语中，人们不难看到年轻贪玩的巴菲特学习起来，也是非常疯狂的。

杰克·亚历山大还曾说道："沃伦是个非常专心致志的人，他可以专注得像一只聚光灯，几乎是一天 24 小时，一周 7 天，我都不知道他什么时候睡觉。"

确实如亚历山大所言，敬仰于格雷厄姆的巴菲特，对格雷厄姆课堂讲的所有知识，都非常认真地进行消化。他给自己定的要求是能够引述格雷厄姆的投资案例，也能提出自己的投资案例。

为了实现自己定的目标，巴菲特经常去哥伦比亚大学的图书馆看以前的老报纸，一读就是连续好几个小时。有时，巴菲特还会利用各种机会，和格雷厄姆对一些复杂的投资理论进行深入的探讨。

在20世纪50年代，如果谁能成为格雷厄姆的学生，谁就能置身于一种特殊的地位。格雷厄姆的讲座谈的都是真实的股票，他的知识运用绝不仅仅局限在理论上，学生可以运用他的观点直接获取丰厚的利润。

巴菲特很快就和一帮坚决拥护格雷厄姆的人物走到了一起，他们都对老师热情崇拜，将老师那“用0.5美元来买价值1美元证券”的策略奉为天条。沃伦·巴菲特是其中的核心人物，他机智聪明，讨人喜欢，而且最得老师理论的精髓。他们经常聚在一处，热烈地讨论股票。

“我在34美元的价位买进了扬斯敦希替公司的股票，然后在75美元至80美元之间卖出。今天早上，教授说通用和简易洗衣机公司的股票便宜，我便又买进了不少，估计还能赚他一笔。”这是马歇尔·温伯格在宣扬他听老师课后获取的利润。

“是呀，光学这门课就足以支付我们取得学位的费用了。”另一个学生开玩笑地附和说。

“老师如果提出什么股票，你根本不用去交易所查证，只要问问沃伦就可以了，这家伙几乎知道纽约股票交易所的任何一份资产负债表。”

“我怎么能和老师相比呢？”巴菲特则表现得极其谦逊，“是老师教会我阅读财务报表的每个细节，如何去发现其中的舞弊行为；教会我怎样从一家公司的公开信息中客观评判它的证券价值；教给我用各种手段去探索市场中形形色色的可能性！”他很少用这样充满感情色彩的句子来表达自己的情感。

巴菲特是如此渴望能步格雷厄姆的后尘，以至于他在格雷厄姆—纽曼公司、格雷厄姆投资公司持有的股票上都进行了投资。他还在《名人辞典》上查到了他的教授，发现格雷厄姆是政府保险公司GEICO的主席。

GEICO的总部设在华盛顿，刚好巴菲特的父亲在1950年又重新当选为国会议员。于是，1951年夏天，当巴菲特在哥伦比亚读第二学期时，他回到了华盛顿，决定去拜访一次GEICO，任何关于格雷厄姆在GEICO当主席的事他都想知道。

学习之余，巴菲特还去收集信息资料，剔除其他人的思维方式所形成的偏见。他花很多时间阅读穆迪和标准普尔的手册，寻找和分析各种股票信息。

不过，听格雷厄姆每周的研究班课是巴菲特最期盼的事，超过他所做的其他一切事情。每一次在研究班课前，他都会做好充分的准备。在课上，他又会认真听讲，踊跃发言。

通过学习，巴菲特从老师那里，学到了很多关于投资的理论和一些原则：

一是做一名真正的投资者。格雷厄姆认为，虽然投机行为在证券市场上有它一定的定位，但由于投机者仅仅为了寻求利润而不注重对股票内在价值的分析，往往容易受到“市场先生”的左右，陷入盲目投资的误区，股市一旦发生大的波动，常常使他们陷于血本无归的境地。

而谨慎的投资者只在充分研究的基础上作出投资决策，所冒风险要少得多，而且可以获得稳定的收益。

二是注意规避风险。一般人认为在股市中利润与风险始终是成正比的，而在格雷厄姆看来，这是一种误解。

格雷厄姆认为，通过最大限度地降低风险而获得利润，甚至是无风险而获利，这在实质上是高利润，在低风险的策略下获取高利润也并非没有可能；高风险与高利润并没有直接的联系，往往是投资者冒了很大的风险，而收获的却只是风险本身，即惨遭亏损，甚至血本无归。

投资者不能靠莽撞投资，而应学会理智投资，时刻注意对投资风险的规避。

三是以怀疑的态度去了解企业。一家公司的股价在其未来业绩的带动下不断向上攀升，投资者切忌盲目追涨，而应以怀疑的态度去了解这家公司的真实状况。

因为即使是采取最严格的会计准则，近期内的盈余也可能是会计师所伪造的。而且公司采用不同的会计政策对公司核算出来的业绩也会造成很大差异。

投资者应注意仔细分析这些新产生的业绩增长是真正意义上的增长，还是由于所采用的会计政策带来的，特别是对会计报告的附加内容更要多加留意。

任何不正确的预期都会歪曲企业的面貌，投资者必须尽可能准确地做出评估，并且密切注意其后续发展。

四是当怀疑产生时，想想品质方面的问题。如果一家公司营运不错，负债率低，资本收益率高，而且股利已连续发放了一些年，那么，这家公司应该是投资者理想的投资对象。

只要投资者以合理的价格购买该类公司股票，投资者就不会犯错。格雷厄姆同时提请投资者，不要因所持有的股票暂时表现不佳就急于抛弃它，而应对其保持足够的耐心，以及足够的理性与冷静，最终将会获得丰厚的回报。

此外，巴菲特还从格雷厄姆那里学到，规划良好的投资组合、关注公司的股利政策等正确投资的重要性，对股市风险的评估以及从专业角度的预期。有了这些扎实的理论基础，巴菲特对股票的认识上升到了一个新的阶段。

据哥伦比亚大学商学院教务长博顿回忆说：

巴菲特的数学超乎常人，而对于经济价值的了解能力堪称他的天赋。

作为授业恩师格雷厄姆对他的天分和才能深表满意，可以说在这位大师级人物的眼中，巴菲特是他最得意的门生。

毕业后的选择

1951 年，21 岁的巴菲特从哥伦比亚大学研究生院毕业了。因为他的勤奋努力和出色表现，学成毕业的时候，巴菲特获得了最高成绩 A。

据说，巴菲特的这个成绩，是格雷厄姆执教 22 年来，唯一一次给出的 A。从这一破例的高分中，人们不难看出，巴菲特获得了这位投资理论之父的认同。

毕业之后去哪里发展，又成为了一个摆在巴菲特面前的难题。其实，早在毕业临近之时，研究院里的其他同学就都忙着找寻自己的工作了。

当时的美国，正处在艾森豪威尔领导的战后及大萧条后期，安稳的工作无疑是非常重要的。而一向充满自信、喜欢挑战的巴菲特，并没有把安稳当作择业的重要因素，他相信自己一定能够赚到大钱，所以他一定要争取找到一个有挑战性的工作。

此时，对老师格雷厄姆一直还充满敬仰的巴菲特，决定选择进入格雷厄姆的格雷厄姆—纽曼公司。

格雷厄姆—纽曼公司由本杰明 · 格雷厄姆和杰罗姆 · 纽曼，在 1926 年合伙投资组建，新的投资公司名称为两人名字的组合。

在公司的运营中，格雷厄姆负责最核心的分析和投资策略，纽曼负责处理与投资有关的各种具体事务。新公司从一开始就表现得极为强劲，因为格雷厄姆既有基本理性分析的沉稳性，又有股市猎手超常的洞察力和嗅觉，他的操作使新基金成绩斐然。

格雷厄姆—纽曼公司在格雷厄姆正确的投资策略下，其投资报酬率每年都维持在30%以上，远远高于同期道琼斯工业指数的上涨速度。但格雷厄姆的骄人业绩既非来自恶意的炒作，又非来自幕后的操纵，而完全是靠他的知识和智慧。他已将证券投资从原始交易，提升到一个依靠理性和技术分析确定投资方向并进而获利的新层面上。

格雷厄姆选择在自己的母校哥伦比亚大学开设"高级证券分析"讲座。格雷厄姆的证券分析讲座使许多人受益良多，他在投资理论方面的真知灼见获得热烈的反响，他的影响也从此开始走出华尔街，向社会上扩散。

格雷厄姆在开设讲座期间，其证券业务更加红火，格雷厄姆—纽曼基金以及由他掌控的私人投资更是财源滚滚。这些都使格雷厄姆踌躇满志，准备大干一场。

在1929年的资本主义世界经济大危机中，格雷厄姆凭着对客户的忠诚、坚韧的勇气和对操作方法的不断修正，至1932年年底终于开始起死回生。

在以后的每笔投资中，格雷厄姆总是尽可能追求最高的投资报酬率，同时保持最大的安全边际。正是因为格雷厄姆—纽曼公司有格雷厄姆这位老师兼理论大师的掌旗，所以巴菲特非常希望能够进入这家公司。

一天，巴菲特终于走进了格雷厄姆的办公室，提出了进入格雷厄姆—纽曼公司的要求。

然而，令巴菲特失望的是格雷厄姆拒绝了巴菲特的要求。

生性执着的巴菲特是不会轻易认输的，接着他又进一步提出了一个要求："先生，我愿意无偿地为格雷厄姆—纽曼公司打工，这样总可以吧？"

"这样也不可以。"格雷厄姆摇着头说道。

巴菲特失望了，心里暗想：自己难道不是老师最好的学生吗？老师难道看不起我吗？

看到沮丧失望的巴菲特，格雷厄姆无奈地说："近来的金融界行情不太好，我们犹太人又遭受到了排挤。作为一个犹太人，我要尽力为我们的犹太同胞多提供一些就业机会。"

看了看巴菲特，格雷厄姆又补充道："沃伦，你是一位非常优秀的人，如果让你无偿服务，这是非常不公平的。当然，你也完全没有必要选择无偿服务，外面的机会是很多的。如果你愿意，也许我可以推荐你到我华尔街朋友的公司里工作。"

"我不想为我不认识的人工作。我宁可回奥马哈，去我父亲的巴菲特—福尔克公司交易部，毕竟那是个我熟悉的环境。"巴菲特表现得很倔强。

"哦，是去巴菲特父子公司工作吗？"老格雷厄姆打趣地问。

"不，"巴菲特俏皮地说，"是巴菲特及父亲公司。"

看到老师心意已决，巴菲特也只好放弃了。但当知道老师并不是因为嫌他能力差而拒绝他时，巴菲特的心里又有了一丝安慰。

步入婚姻殿堂

1951年，巴菲特从哥伦比亚大学毕业。遭到格雷厄姆的拒绝后，巴菲特决定回到老家奥马哈。从5岁起就学着自己做生意，13岁就派送500份报纸，每月赚取100美元的巴菲特决定投身他最热爱的股市。

毫无疑问这是他人生中最关键的时候，在这一阶段，他选定了一生的事业，也选择了一生的爱人。

其实，巴菲特选择回到奥马哈还有一个原因，那就是有些害羞的巴菲特恋爱了，他要来这里找一位姑娘，她的名字叫苏珊·汤普森。是一名大学生。

那是1951年的夏天，巴菲特去西北大学看望在那里念书的妹妹罗贝塔，并陪她参加了一次学校的盛大舞会。乐声悠扬，裙舞鬓香，罗贝塔一个劲儿地鼓动巴菲特去邀请女孩子跳舞，他却只是静静地微笑，一个人呆坐在角落里。

突然，一个女孩子走了进来，圆圆的下巴，黑黑的头发卷曲着垂在颈旁，那张明媚的笑脸照亮了周围的一切。她优雅自如地在人群中穿行，爽朗地大笑，活泼地和人轻语，看上去似乎认识所有人，而所有人看上去也似乎都认识她、喜欢她。

在看到她的一瞬间，巴菲特只觉得心中有一根最温柔的弦被“砰”的一声拨动了。他抓住妹妹，急切地问：“她是谁，罗贝塔？”

“谁？”罗贝塔顺着哥哥痴迷的眼神望去，忍不住笑起来，“哈哈，一向不动心的沃伦要坠入情网了。”

“告诉我，好妹妹。”巴菲特恳求道。

“苏珊·汤普森。她是咱们的奥马哈老乡，爸爸是当地的部长和心理学教授，曾经在选举中帮过爸爸的大忙。而且，她是我现在的寝室室友。”罗贝塔将知道的悉数倒出。

“苏珊。”巴菲特喃喃地念着这个名字，难为情地向妹妹看了一眼。

“好了，不用说了，我来为你介绍。”罗贝塔明白哥哥的心思，转身向朋友招招手：“苏珊！”

苏珊回眸一笑，像蝴蝶一样飞舞过来。

“这是我哥哥，沃伦·巴菲特，他不认识别人，你帮我陪陪他好吗？”罗贝塔向哥哥鼓励地点点头，单独留下了两个人。

“你看上去真健康活泼啊！”巴菲特鼓足勇气开了腔。

“其实我小时候是体弱多病的。”苏珊心无城府地笑着说，“我那时经常受耳痛的折磨，有段日子还得了风湿热，在家里待了很多时间。幸亏我的父母一直很关心、呵护我，让我在一种绝对爱的包容里生活，我才健康成长起来。”

“是呀，你很受大家欢迎。我就不行，我不是很擅长社交。”巴菲特越发感到苏珊的可爱。

“我对接触其他人一直有很浓厚的兴趣。我见不得别人受苦或是有烦恼，总希望能为帮助他们尽一份力量，让他们也像我当年一样感受到爱的温暖。”苏珊很真诚地说。

“啊，我要去跳舞了，失陪了。”苏珊牵住一个前来邀舞的男孩子，轻盈地转进了舞池，只留下巴菲特失神地凝视着这个外表和内心一样美丽动人的姑娘。

初次见面，苏珊并没对巴菲特留下什么深刻印象，巴菲特却已将她深深地烙在了自己心底。年轻时代的苏珊有着明媚的笑脸、圆圆的下巴和黑黑的头发，巴菲特第一眼就爱上了她。

最初，巴菲特处于一种单恋的状态，而他和苏珊两家的交往，并没有为巴菲特的爱情带来多少好运。相反巴菲特擅长并热衷的数字游戏，对苏珊来说既无趣又荒诞。

那时候，巴菲特经常对苏珊说的一句话是："有一天，我会变得非常富有。"巴菲特没有说谎，若干年后，他真的成了全世界著名富豪。不过那时，这句话对处在热恋中的苏珊来说并没有多大的说服力，吸引力更等于零。

因此，每次巴菲特热情洋溢地从前门走进，渴望见到他热爱的姑娘时，苏珊总是偷偷地从后门溜走，去见她心中的白马王子，一个联合太平洋公司邮件搬运员的儿子密尔顿·布朗。据说早在高中时代，两人就已经开始了恋情。

密尔顿·布朗在高中和在西北大学念书时就开始和苏珊约会。苏珊的父母反对她和犹太人约会，而且从不邀请布朗来家里拜访，使得布朗不知所措。

另一方面，身无分文的布朗在苏珊的女生联谊会里也是不受欢迎的。形势的发展无疑对巴菲特是有利的。其实，巴菲特和苏珊两家的渊源很深，苏珊的爸爸汤普森是奥马哈市著名的部长和心理学教授，和巴菲特的爸爸是多年的旧交。

更为巧合的是，苏珊在西北大学读书的时候，正巧和巴菲特的妹妹罗贝塔住同一间宿舍，而且俩人很要好。这无疑给巴菲特提供了很好的机会，善于捕捉商机的巴菲特，虽然腼腆，但在把握爱情机遇方面也是丝毫不逊色的。

由于苏珊对巴菲特不理不睬，执着的巴菲特只好"曲线救国"，在苏珊的爸爸汤普森身上下功夫。

一天晚饭后，巴菲特又敲响了苏珊的家门。

"是沃伦呀，苏珊不在。"来开门的汤普森先生率直地说。

"我不是找她，我是来找您的。"巴菲特说。

"找我？我能帮你什么忙吗？"汤普森吃了一惊，仍不明白女儿的追求者想干什么。

“是这样，汤普森先生，”沃伦有些羞涩地从身后拿出一把琴，“我从小就喜欢弹尤克里里琴，不过这琴要和别的乐器合奏才有味道。我听父亲说您从年轻时就弹得一手好吉他，不知您愿不愿意和我合奏一曲？”

“太好了，年轻人！”苏珊的父亲大有遇到知音的快乐，“快请进吧！”

汤普森家大门从此为巴菲特敞开，他每晚都来与汤普森先生合奏。苏珊不在，他也不失望；苏珊若在，他就坐在小凳子上，含情脉脉地唱上一首歌。

他的歌喉非常迷人。

合奏间歇，一老一少便畅谈一番，汤普森先生很喜欢巴菲特的为人和才气。随着巴菲特天天的到来，苏珊的爸爸汤普森对这个长相平平、但出奇精明的年轻人非常欣赏。因此，汤普森很快地站在了支持巴菲特的一边。

从小体弱的苏珊对爸爸极其尊重，再加上密尔顿·布朗是个犹太人，那时候美国人对犹太人有些排斥。最终，她还是和布朗分手了。

有一天，汤普森终于忍不住了，停住吉他，笑着说：“小伙子，你不能每天都和我这样耗在一起啊！明晚你来邀请苏珊吧，她肯定会答应你。”

这位和女儿一样头发黝黑的部长转过头对女儿说：“巴菲特是个好男孩，我不会看错，你应该给他机会，和他一起出去走走。相信自己，不要错失机会。”

苏珊终于开始和巴菲特约会了，时间一长，巴菲特的幽默风趣便充分展示出来，两个人彼此疯狂地爱上了对方，泛泛的男女交往发展成了一段浪漫的恋情。

据苏珊的姑妈回忆说：“他们彼此疯狂地迷恋着，他们互相坐在对方的大腿上接吻，这真是太可怕了。”

一个静谧美好的秋夜，巴菲特轻吻了心爱的姑娘，凝视着苏珊迷人的眼睛，巴菲特深情地说：“你知道吗，苏珊，我其实一直很孤独，遇到你才有了改变。”

“我知道。”苏珊轻声地回答。

“你知道吗，苏珊，我会非常地爱你，不让你受一点儿委屈。”巴菲特的声音有些颤抖。

“我知道。沃伦，你到底想说什么？”苏珊的嘴漾起一丝笑意。

“我想说，苏珊，嫁给我做我的妻子吧！”巴菲特终于说出了心里话，他屏住呼吸等待着心上人的回答。

“好。”苏珊轻轻吐出的一个字，立刻将期待已久的巴菲特带到了天堂，认定自己是世上最幸福的人。

1952年的第三个周六，在透明面纱的遮掩下，苏珊身穿一袭缀有仙蒂尼蕾丝花边的长裙，走过红地毯，和沃伦·巴菲特一起站在了神坛前，许下相守一生的誓言。

苏珊年少多病，曾经多次耳膜穿孔，并长期忍受风湿病的困扰。苏珊的父母对她显示出宽厚的爱和包容，这让苏珊从小就感觉到，关怀他人是一件很自然的事。

苏珊天生富有同情心，与人见面经常问候道：“你还好吗？”从苏珊的嘴里说出的这句话往往意味着：你的灵魂还安宁吗？你还好吗？后来证明，苏珊的这种爱人如己的性格深刻影响了巴菲特的情感和人生。

蜜月的第一个星期天，巴菲特发现在一家公司总部外面孤零零地停着一辆凯迪拉克名车。他突然刹住自己的旧福特车，大摇大摆地拉开凯迪拉克车门坐进去，装出一副公司老总的形象。

“沃伦，你干什么？”苏珊吃了一惊，大声地问。

“总有一天，我会变得非常富有，你要学着习惯这一点。”巴菲特孩子气地做了一个鬼脸。

“哦，沃伦！”苏珊被他这副调皮相逗得纵声大笑起来。她若有所思地摇摇头，真不敢相信自己这么快就嫁给了这个看上去还稚气未脱的年轻人。但这的确是事实，两个人都找到了一生的真爱。

结婚之初，两人住在一套每月 65 美元租来的三居室公寓里，房间很破旧，经常有老鼠出没，这样的生活和巴菲特承诺过的“富有”简直是相差太远了。

一天晚上，巴菲特听到苏珊突然发出一声惨叫。他冲进卧室抱住妻子，紧张地问：“怎么了，苏珊？”

苏珊哆哆嗦嗦地指着床下她的拖鞋，一只小老鼠正在那里快乐地嬉戏。

苏珊很快就怀孕了。一天，巴菲特下班回家，发现妻子正哼着歌，试着在一个梳妆台的抽屉里铺小毯子。

“你这是干什么？”他好奇地问。

“为我们的小宝宝铺张床啊！这样不就省得买婴儿床了吗！”苏珊很是得意。

巴菲特轻轻拥住妻子，心里真是很内疚，从小过惯富裕生活的苏珊居然学会了如此精打细算。

“没什么，沃伦，我们以后会很富有的。”苏珊轻声安慰着丈夫。

“是的，一定！苏珊，我会努力工作的。”巴菲特为妻子作出了坚定的承诺。

也有很多人奇怪，具有非凡经商意识的巴菲特当初为何会如此迷恋苏珊呢？其实，这也是有原因的。

因为，在巴菲特看来，苏珊具有深刻的理解力，并且有远见，而这正是他最需要的东西。巴菲特的童年家境富有，父母笃信宗教，家庭充满温情。

然而，巴菲特的妈妈是一个典型的完美主义者，每当她完美的设想遭遇挫折，就会毫无征兆地爆发。因此，巴菲特经常成为受害者，被毫无理由地痛骂。

童年的创伤在苏珊那里得到了抚慰，苏珊爱心漫溢的心灵对巴菲特来说是疗伤的圣药。巴菲特曾经多次向人们说道，苏珊就像一个出色的医生，把自己心灵的荆棘一根根摘掉。

生活中的苏珊确实是充满温柔、善解人意的。平日里，她对待巴菲特像对待一个大孩子，而巴菲特对苏珊也非常依赖，他让她付账，由她照顾孩子，除了生意，几乎任何事他都交给苏珊来打理。

有了苏珊的照顾，巴菲特获得了长久的幸福，这为他开拓自己宏伟的事业提供了重要的条件。

敢于坚持自我

巴菲特结婚了，但他有限的资金都被他投到自己的事业上去了，自己和苏珊一起却只能暂时过一种较为节俭的生活。这种生活使巴菲特感到非常内疚，他那种原本就很强烈的赚钱欲望变得更加强烈了。

此时，巴菲特把眼光盯向了一个简称 GEICO 的保险公司。

GEICO 于 1936 年在得克萨斯州的福特沃斯成立，创建者是 50 岁的会计利奥·古德温和他的妻子利安·古德温以及他们的出资人。他们相信通过削减大部分销售成本、降低认购风险可以使汽车保险卖得更便宜。

起初，利奥和利安一年 365 天每天工作 12 小时，合起来却只有每月 250 美元的工资。晚上，他们在饭桌上制订投保人名单；周末，利奥开车到军事基地给年轻政府职员送低价保单，因此避免了代理商和代理费用。

利安通常把保单邮给政府职员以降低风险，因为他们要求赔偿的次数要比社会平均水平少。由于华盛顿特区的政府职员比任何地方都多，公司于 1937 年移到了这里。在利奥夫妇的努力工作下，公司在早期获得了长足的发展。

然而由于股权原因，GEICO 最终没有改变被卖的命运。经过多轮协商，GEICO 最终花落格雷厄姆—纽曼公司。

1951 年，正在哥伦比亚大学读书的巴菲特，发现自己崇拜的导师格雷厄姆是 GEICO 的董事长。于是，他就开始下功夫研究起 GEICO 的情况。

巴菲特后来也曾回忆说：“我阅读了许多保险公司的资料。我在图书馆待到最晚时间才离开。”

那年1月的某个星期六，巴菲特乘火车前往华盛顿到GEICO总部拜访，巧遇正在加班的董事长助理戴维森，长谈了4个小时。

巴菲特对GEICO可谓一见钟情，他曾多次坦承：“从来没有一只股票像GEICO这样让我心潮澎湃。”

GEICO最吸引巴菲特的是，公司重点拓展政府雇员和军人等稳健保守、事故率很低的驾车人士，采用直接邮寄保单的直销方式，相对于保险行业主要通过保险代理人销售的传统方式而言，具有巨大的成本优势。

巴菲特还认为：“GEICO能够成功的最重要因素，在于该公司能够将营运成本降到最低的水平，这使它与其他所有汽车保险公司相比鹤立鸡群。”

尽管巴菲特对GEICO非常看好，但他对是否投资GEICO仍然心存疑虑。因为他找了几个保险业专家咨询过，他们都说GEICO的股价被高估了。

想到自己分析的结论是GEICO有利可图，而那些资深的专家却又反对对GEICO进行投资，究竟该信谁的呢？年轻的巴菲特一时间陷入了两难的境地。

一天，巴菲特把自己的苦恼，向具有多年炒股经验的爸爸霍华德做了倾诉。

霍华德看着愁眉紧锁的巴菲特，疼爱地说：“沃伦，我现在还不是十分了解GEICO的情况，但是我要告诉你的是：做任何事都不要迷信权威，要敢于相信自己。而相信自己的性格，比做成一笔成功的生意要重要得多。”

年轻的巴菲特对于知识永远是谦卑的，他会放下姿态求教。从早期阅读的一些股票投资书籍中，他积累了属于自己的原始经验，学会了许多要领，比如不要被别人牵着鼻子走，不要随波逐流，不要告诉其他投资人你当时正在干的事，诸此种种。

“相信自己”这个观念在巴菲特脑海中划过，巴菲特主意打定了：对，我应该克服对自己的怀疑，更不应该迷信于那些所谓的资深人士，我要保持我的独立性。只有这样，我才能成功！

1965年他在写给巴菲特合伙企业成员的信中表示：

> 大人物、能言善道的人，或者大多数人同意我们的看法，并不会让我们觉得更舒服。如果他们不同意，我们也不会因此觉得不舒服，民意调查不能取代我们的思考。

这就是此后一直跟随巴菲特的一个招牌观念，即无论别人同意不同意你的看法，都不能判定你的对错。下定决心后，巴菲特先后4次总计投资10282美元大量买入GEICO股票。

由于巴菲特的坚持取得了成效，到当年年底巴菲特所拥有的GEICO股票市值就增长至13125美元。这个回报率在当时的情况下，无疑是非常高的。

通过这件事，年轻的巴菲特更加深刻地认识到敢于坚持自我的重要性。从此，他把“坚持自我”作为一个人生信条，一直认真地坚持了下去。

年轻的巴菲特总是对他的恩师格雷厄姆充满敬仰之情，并希望随时能和这位理论大师合作。

在奥马哈的那段岁月里，巴菲特曾经尝试过做多种事情。他甚至还在奥马哈大学教授《投资学原理》这门课程。

当年轻的巴菲特把他从格雷厄姆那里学到的投资学知识，在学员们面前讲授时，那实用的投资理论再加上巴菲特雄辩的口才，受到了学员们的一致赞同。

然而，学员们的赞同并不能使巴菲特获得更大的满足感，因为巴菲特的目标是挣大钱。而此时，巴菲特更希望能加入恩师格雷厄姆的阵营，在恩师的提携下前进。

为此，在奥马哈期间，巴菲特一边在做自己事情的时候，也不忘一边为格雷厄姆做一些研究项目。比如通过自己的研究，向恩师建议购买一些股票等。

巴菲特的才华终于得到了恩师的赏识。一天，巴菲特和恩师格雷厄姆商谈完自己的计划后，格雷厄姆终于向巴菲特发出了邀请。

格雷厄姆试探性地问："沃伦，最近在奥马哈做得怎么样？"

"不太好。"巴菲特情绪略显低落地回答。

格雷厄姆停顿了一下，谨慎地说："嘿！沃伦，振作一些，在我的诸多学生中，我认为你是最出色的。如果你还有兴趣，你可以考虑到我的格雷厄姆—纽曼公司来发展。"

"真的，太好了，我非常愿意去！"巴菲特兴奋地说。

晚上，巴菲特回到家里，倚在厨房门口，看着心爱的妻子拖着笨重的身子在忙碌，苏珊又怀孕了。她扬起眉毛等着若有所思的丈夫开口。

"苏珊，我每天都像孩子看漫画一样研究着厚厚的穆迪手册，寻找那些便宜而又无人问津的所谓'雪茄烟蒂'，发现自己是唯一懂得它们价值的人，却苦于手中根本没有资金买进。"

苏珊停下手中的活，静听巴菲特的表白。

"我向顾客们推荐，

他们却认为我没有经验，往往要到自己的经纪人那里检验一番才从我手里买，我选错了职业，我不适合于做经销商，我应该成为格雷厄姆那样的人。”

“沃伦，你有什么事要说吗?”苏珊太了解自己的丈夫了。

“格雷厄姆给我来了电话，种族障碍已经不存在了，他愿意为我提供一份工作。可是你现在的情况……”巴菲特吞吞吐吐地说。

“你不是已经接受了吗?”苏珊转身走向卧室，“我这就去收拾行李。”

就这样，巴菲特带着已经怀孕的苏珊，匆匆踏上了飞往纽约的飞机，格雷厄姆给出的工资是年薪12000美元。

1954年，巴菲特进入了恩师的格雷厄姆—纽曼公司，格雷厄姆-纽曼公司坐落在第42大街上，它在一个玻璃灯泡下设有一个股价行情屏幕，不停地发出“嘀嗒”声。这家公司实际上是一项共同基金，它根据一些选择的技巧来买进股票。

作为6名职员中的一个，巴菲特为每天都和其他人一起花许多时间，在标准普尔股票指南上寻找那些以低于其资本1/3价格交易的股票，将它交给格雷厄姆或其合伙人纽曼，以判断决定是否该买进获利。

和巴菲特后来的事业相比，格雷厄姆—纽曼无疑属于一家规模很小的公司，其营运资本只有600万美元。然而就是这样一家小公司，却为金融股市领域培养了几位响当当的人物。除了巴菲特之外，格雷厄姆—纽曼公司还曾雇用施洛斯与耐普，他们后来均成为有名的价值投资人。

格雷厄姆—纽曼公司坐落在纽约第42大街的查尼大楼。入职后，他和施洛斯共用一间小屋。

此时的巴菲特是一个自以为是、趾高气扬的年轻小伙子，他总是一个人忙得不得了，精力充沛。和以前一样，他总是雄心勃勃地想赚大钱。更为重要的是，巴菲特对企业的运作有着高人一等的理解。

但巴菲特进入公司后，给人的印象就是充满自信。他的一个同事后来回忆说："他从最开始起就非常自信。我以为他的父亲一定答应给他或是借给他一些资金。他说不是这样的，他想从零开始开创业绩。"

格雷厄姆—纽曼公司是一项共同基金，它根据一些选择的技巧来买进股票。在日常的运营中，公司的掌舵手格雷厄姆比较热衷于猎取那些以低于它们净营运资本1/3的价格交易的股票。也就是说，格雷厄姆的一贯战略是紧盯那些便宜极了的股票。

具有非凡经营意识的巴菲特一进入公司，就显示出了非凡的投资眼光。

有一次，一个费城的经纪商以15美元一股的价格，提供给巴菲特一种叫作家庭保护公司的名不见经传的保险股票。由于没有关于它的公开资料，因此没有办法对它进行估价。

巴菲特明白投资的成败，很大程度上在于对信息的占有。为此，巴菲特找到了位于哈里斯堡的州保险办公室，收集到了一些数据。通过对这些数据的分析，巴菲特认识到家庭保护公司股票绝对是便宜货。

于是，在当时公司另一个股东纽曼反对的情况下，巴菲特和另一个朋友在自己的户头买进了一些。巴菲特的眼光很快得到了体现，一段时间以后，它以15美元一股买进的股票，就上升至370美元一股。

巴菲特在工作的第一年就一举成功。1954年，一个位于布鲁克林的巧克力股份公司罗克—伍德公司，向外界宣布用可可豆回赎部分股票。

此时，可可豆市价很高。因此，巴菲特推断认为用股票换回可可豆的同时，再在商品市场出售可可豆，将可赚到巨大的利润。

为了尽快获得这笔巨额利润，巴菲特和他的同事们立刻行动，用他们持有的股票，换回了可可豆，再到市场上去转卖成现金。

这次成功的“套现”，使巴菲特和格雷厄姆—纽曼公司大赚了一笔。正如巴菲特后来形容道：

许多周以来我一直忙着买股票、卖豆子，然后在施罗德信托公司作暂时停留，把股权证换成仓库收据，利润相当可观，而我唯一的花费仅仅是乘地铁的费用。

由于巴菲特的出色表现，公司的负责人格雷厄姆无疑把巴菲特当作他门徒中的精华，对他非常器重。当然，格雷厄姆更是一个很有头脑的上司，他也知道如何笼络和关怀具有非凡投资眼光的巴菲特。

来到格雷厄姆—纽曼公司不久，巴菲特的儿子出世了。作为恩师兼上司的格雷厄姆，送给巴菲特一台摄像机和影像放映机。

对于巴菲特创造的价值来说，格雷厄姆的礼物也许并不是非常贵重。但对于一个仅仅被雇几个月的雇员而言，这份礼物可谓十分丰厚。

一天，当格雷厄姆和巴菲特去办公室附近的一家熟食店吃午饭的时候，格雷厄姆说：“沃伦，金钱对于你我而言没有任何差别，我们是一样的，我们的妻子都会过得更好的。”

但是，师徒二人之间的差别也是真实存在的，在实践运用方面，巴菲特正在逐渐地“青出于蓝而胜于蓝”。

格雷厄姆能够把满是一栏栏数字的一页纸浏览一遍，然后指出其中的一个错误，而巴菲特比他更快。更重要的是，格雷厄姆对股市的态度是相当保守的，他的首要目标并不是要赚钱，而是要避免损失，这使他失去了许多进一步发展、将生意做大的机会。而巴菲特的态度和目标则恰恰相反。

然而，随着合作时间的延长，他们在许多方面的分歧也逐渐开始显现出来，这最终导致了巴菲特的离开。

当时的情况大致是这样的，不管经营得如何，巴菲特在格雷厄姆—纽曼公司还是受到了一些挫折。他手头的基金资本只剩下 50000 美元，这几乎无法给大量的投资活动提供机会。

在这种情况下，巴菲特的发展机会受到了限制。

而在同时，巴菲特也逐渐发现，具有传奇色彩的格雷厄姆，开始变得越来越保守和谨慎了。用巴菲特的话来说，那就是“格雷厄姆的首要目标并不是要挣钱，而是要避免损失”。

巴菲特认为，要是格雷厄姆早点动手的话，他早就把公司的业务做成一项大生意了。

对格雷厄姆保守风格的不满，使巴菲特心里充满了牢骚。晚上回家时，他常常向妻子苏珊抱怨：“我发现我和格雷厄姆之间对实际投资的理念有些不同，格雷厄姆的观念和我不一样，他不想花太多时间做深入的企业分析。”

苏珊对这些专业领域的事情并不是太精通，所以巴菲特的抱怨并不能引起苏珊的支援。

后来，巴菲特还曾经多次对别人说：“格雷厄姆总是认为投资人应该寻求简单而安全的投资途径，注重于选择最便宜的股票，他奉行的原则是，以一家公司的净营业资本的 2/3 买进股票”。

对于这种保守的行为，巴菲特非常不以为然。他说：“我开始参考价格低廉以外的其他因素，我尽可能对一个企业做深入的分析。”

巴菲特还表示，他开始将股票视为企业，而且当他和所有投资人一样估算价值时，会把成长视为另一种价值。

巴菲特是一个敢于坚持自己意见的人，看到昔日的恩师格雷厄姆有时如此的保守，他的意见也逐渐大了起来。他的一个朋友卡胡曾经说巴菲特和格雷厄姆“就此争论不休”。

当然，按照巴菲特的一贯性格，人们都明白他的话带有一些明显的夸张成分，因为巴菲特还是尊敬他的这位老师的。但很明显，他们之间的分歧是真实存在的。

一次，巴菲特看好了一家公司的股票，并通过各种途径了解到这家公司非常有前途，它的股票一定会升值。于是，巴菲特连忙来到格雷厄姆的办公室，提议公司尽快大量吃进这家公司的股票。

巴菲特兴奋地冲进格雷厄姆的办公室，兴冲冲地说：“先生，费城的一个经纪商向我们提供了一种叫家庭保护公司的股票，每股只有 15 美元。”

“可是以前从没听说过这家股票，也没有公开资料，恐怕没法进行估价吧！”格雷厄姆皱着眉头说。

“是没有资料，不过我找到了在哈里斯堡的州保险办公室，设法收集到了一些数据，这些信息足以证明这家股票绝对是便宜货。”巴菲特呈上一打数据。

“不。”格雷厄姆看了这家公司的资料后认为按照公司的规模，目前市场上这家公司的股票价格还是有一点高。必须再降低 30% 以下才可以吃进，“它们还不够便宜。”

“可是……”巴菲特的进一步申辩被老师用手势阻止了。这令巴菲特感觉非常不快。走出办公室的巴菲特真是心有不甘。一向敢于相信自我的巴菲特，和另一个同事在自己的户头买进了一些。过一段时间以后，这个名不见经传的股票上升至每股 370 美元，巴菲特因此又赚了一笔。

巴菲特还发现位于马萨诸塞的新见德福德联合铁的股票正以 45 美元的价位进行交易，而根据他的计算，每股单算现金值就达 120 美元。

巴菲特简直不敢相信自己的运气，他又一次将研究结果送交老师，没想到格雷厄姆仍不为所动。这令巴菲特感到非常的不能理解。

当然，不管格雷厄姆怎么保守，他所掌舵的格雷厄姆—纽曼公司的业绩还是有一定成绩的，但并不十分可观，它每年赢利大概是17.4%，和标准普尔500的水平持平。

17.4%的利润回报，显然满足不了巴菲特的心理期望。同时，在这段时间，巴菲特一边为公司工作，一边也在默默做着自己的投资，他取得了更好的业绩。

自从1950年离开大学校园以来，巴菲特的个人资本已由9800美元激增至14万美元。

有了这14万美元作为赌注，巴菲特无疑胆子大起来了，腰杆也硬了起来。也就是在这时，驰骋华尔街多年，有“华尔街教父”之称的格雷厄姆感到厌倦股市了。

虽然格雷厄姆在华尔街仍处于上升趋势之中，但对他而言，金钱并不重要，重要的是他在华尔街找到了一条正确的道路，并将这条道路毫无保留地指给了广大的投资者。

于是，这位在理论和实践上都有卓越成就的一代投资理论之父，在华尔街奋斗42年之后，决定隐退了。

由于找不到合适的人接管格雷厄姆—纽曼公司，公司不得不宣布解散。解散之后，格雷厄姆选择了加州大学，开始了他的执教生涯，他想把他的思想传播给更多的人。

在公司还没有解散之前，已经积攒了一定资本并具有了相当投资经验的巴菲特，也不再想寄人篱下了。他认为此刻他已经完全具备了开创自己事业的条件。

这一次，巴菲特再一次把他的目的地定在他熟悉的奥马哈。带着苏珊和还很小的儿子，巴菲特准备要离开挥洒过不少汗水的纽约了。

站在纽约的火车站的站台上，望着四周人来人往，他明白这并不是他向往的生活，宁静的奥马哈才是他开创事业的最好天地。

开始崭露头角

哲学家们告诉我们，做我们所喜欢的，然后成功就会随之而来。

——巴菲特

积极开始创业

1956年，巴菲特辞别老师，带着苏珊回到了他的家乡奥马哈镇。

奥马哈对于巴菲特来说，是一个朝思暮想的地方，似乎到了这里，才能使巴菲特有充分的用武之地。

巴菲特曾多次深情地说：

我认为奥马哈是一处更能使人心智健全的所在。我过去常常感到，当我返回纽约去工作时，那儿太多的刺激会使我终日心神不宁。

只要你拥有常规量的肾上腺素，你就会对这些刺激产生不适。这样过一段时间可能导致疯狂的行为，想到这一点是很自然的。

此时的巴菲特，已非当年只身来投师求学时的一介书生了。他潜心研究了格雷厄姆与费雪的投资理论与策略，并吸收了世界各国投资成功人士的经验。

他在格雷厄姆的指导下，在格雷厄姆—纽曼公司经过了投资实习，从理论到实践他已得到了完整的训练，对自己的专业有了足够的信心，而且有一个很高的起点。

此刻的巴菲特重返奥马哈，应当是学成归来，踌躇满志，是只振翅欲飞的羽毛丰满的雏鹰，等待他的将是任由他展翅翱翔的广阔的天空。

得知巴菲特要回来了，巴菲特的家人高兴地为这位已经在华尔街小有名气的新人，举行了一场小规模的聚会。

在此次聚会上，巴菲特正式向他的亲戚朋友提出，自己要仿照格雷厄姆的模式，建立一家合伙企业，并希望家人如果认为可行，就投入资金，加入到这家企业中来。

巴菲特的姐姐多丽丝首先表达了她的支持说："10 多年前，沃伦替我买的三只股票，让我赚了 100 多美元。因此，我相信沃伦，我会把我的资金投入到他的企业里去的。"

巴菲特的律师也积极地说："经过这么长时间的接触，我对沃伦的投资才能是非常信任的，我一定要把我的资金投入进来。如果不投，那么以后我一定会后悔的。"

就这样，在亲朋好友的支持下，巴菲特开始拥有了真正属于自己的公司——"巴菲特有限公司"。投资伙伴有 7 人，共有资金 10.5 万美元。

以下是巴菲特合伙公司 7 个合伙人的姓名及投资数额：

朋友查尔斯·彼得斯 5000 美元

查尔斯的母亲伊丽莎白·彼得斯 25000 美元

姐姐多丽丝·伍德 5000 美元

律师朋友丹尼尔·默耐恩 5000 美元

岳父威廉·汤普森 25000 美元

姑妈爱丽斯·巴菲特 35000 美元

姐夫杜鲁门·伍德 5000 美元

在合伙企业中，负无限责任的合伙人巴菲特居住在丛林大街 5202 号。他在那儿租了一间房子，并象征性地为合伙公司投入了 100 美元，所以，巴菲特合伙公司是以 10.51 万美元的注册资金开始运行的。

巴菲特的公司开始运营之初是非常简陋的。有一个从伍尔沃斯连锁店里花了 0.49 美元买的一个账簿，还有一台手动打字机。然而，这些都不足以影响巴菲特的创业热情。

巴菲特在启动自己的投资事业时，之所以采用这种保守而古老的方式，客观原因是除了家人和朋友，几乎没有人相信巴菲特会搞出多大的名堂，因而他筹集的资金很有限，途径也很单一。这也是巴菲特意料之中的事。

不过，这是个让人放心的人，很多人相信巴菲特的能力，他与其他合伙人约定：如果公司投入本钱回报率低于 6%，那么巴菲特一分钱也拿不到，如果回报率高于 6%，那么巴菲特也只能拿到高于 6% 的那一部分收益中的 25%。

假设合伙企业第一年投资 10 万美元，第二年回报率是 10%，也就是说有 10000 美元的利润。那么在这种情况下 6% 以下的收益，即 6000 美元的收益是其他合伙人可以分享的，超过 6% 的 4000 美元中，巴菲特从中也只得到 1000 美元的收入。

这是个划算的协议，他的朋友和家人们都表示赞同，很快大家就发现，自己的好运来临了。

巴菲特胜券在握，不无得意地向他的合伙人保证："我们的投资将以实质价值而不是热门股作为投资的选择基础，将会尝试减低长期的资本损失。"

巴菲特还说："我对自己合伙公司的经营理念来自于为格雷厄姆工作的经历。我从他的经营模式中得到一些启发。我只是对其中某些事情作了变动，但这个经营模式不是我最先想到的。"

应该说巴菲特和他合伙人公司的创意来源于自我投资的意识，他的成功也和自我投资密不可分。

现在，巴菲特终于有了自己的公司了，虽然 10 多万的资金还显得有点少，但有了这个基础，对于巴菲特来说无疑是有了一个让自己腾飞的平台。

对于初入股市的巴菲特来说，他的爸爸霍华德无疑算是一个老资格的股票经纪人了。因此，霍华德常常以自己的经验，向年轻的巴菲特建议，买入股票要三思而行。

当时道琼斯工业平均指数约在200点左右时，霍华德凭借多年的经验认为这显然太高了，并提醒巴菲特要谨慎买入。

然而，年轻的巴菲特秉承格雷厄姆的投资理念，他开始用合伙人的资金进行投资，而且很快地抓住了投资机会。此时，他表现得比格雷厄姆更有魄力，不仅只买下冷门股，也尽量保持了对许多公营企业及私人企业的兴趣。

冷静是炒股能够成功的一大因素，巴菲特在这一点上无疑也是出色的。

巴菲特步入股市的第一步表明，他不仅可以不被市场情绪所左右，不但始终按既定目标行事，还能分清购买股票的投资行为与预测市场走势而下注式的投机行为之间的差异。

在日常的投资中，巴菲特没有被市场情绪所感染，追逐那些已经上涨的热门股，而如他老师所教导的那样，从寻找股票的长期投资价值入手，着眼于企业的长期发展，着眼于理性的预期，而不在乎每日的市场行情。

巴菲特理智地认识到，短期之内股票价格的波动是受市场情绪的影响，但这种波动总是围绕着企业的市场价值上下的。因为对股票市场的非理性表现有了足够的认识，巴菲特的底气更足了，因为有了解，他才能够坦然对待市场中所发生的一切。

巴菲特的理性投资还表现在他不受他人所左右，包括富有经验的老资格股票投资经纪人他的爸爸在内。巴菲特不相信市场预测，他认为人们无法预知短期内股价的变动，也不相信有谁能够做到这一点。

他说：“股市预测专家存在的唯一价值，是使算命先生有面子而已。”

因为有了这些非凡的经营才能，巴菲特运营的投资公司，到年底已经达到了30万美元。这对巴菲特和他的合伙人来说，无疑是一个巨大的鼓励。

在1957年的时候，巴菲特还仅是为几个亲戚朋友掌管着区区30万美元的数目。这些资金虽然比去年公司刚成立时的资金多了很多，但巴菲特并不满足。

很明显，巴菲特并不甘心只做一个奥马哈的平凡股票经纪人。他需要更大的舞台，这就需要更大的资本。

如何能够吸取更大的资本呢？显然现在的巴菲特还没有十分过硬的名气，也没有取得过令人信服的骄人业绩，给人的印象是一个仅有26岁的毛头小伙子。但是，巴菲特并不畏惧，他充满自信地认为，凭着自己的才能和自信，还有永不放弃的执着精神，一定能够拉到更多的资金进入这家公司。

1957年夏的一天，巴菲特接到了一个叫埃德温·戴维斯的电话，他是奥马哈著名的泌尿科医生。虽然他们从未见过面，但是戴维斯的一个病人，一个叫阿瑟·威森伯格的纽约投资顾问，在纽约时认识了巴菲特。

当时，威森伯格听说巴菲特正在努力筹集资金，于是他就建议戴维斯打电话给他。尽管戴维斯对投资于这样一个乳臭未干的新手颇感疑虑，但他还是同意见巴菲特一面。

在约好的那个星期天，戴维斯召集了全家人一起，决定对这个年轻人作一番评价。约定的时间到了，门铃也准时响了。此时，一个年轻的小伙子走了进来。

戴维斯医生惊奇地看着他，轻声问道：“请问你是巴菲特先生吗？”

巴菲特鞠了一躬，礼貌地答道：“是的，我就是和你约好的沃伦·巴菲特。”

戴维斯顿时吃了一惊：天哪！他看上去只有 18 岁。他梳着非常短的头发，他的领口敞开着，外套显得十分肥大，每个人都注意到了他的外衣，他讲话语速非常快。因此，在戴维斯一家人的眼里，巴菲特还是一个孩子。

戴维斯医生一家人相互看了一眼，还是由年老的戴维斯医生开始提问："巴菲特先生，我是听说过你的，也知道你曾经在华尔街做过。因此，我们一家人才会选择你。但是，你毕竟还很年轻，你的一些事迹也是我们道听途说的，你能拿出一些让我对你产生信任的东西吗?"

听到戴维斯的提问，巴菲特心里明白，这对他而言是相当重要的一个时刻。戴维斯医生会不会给他资金，将取决于自己能否将其说服。很显然，由于缺乏了解，戴维斯医生绝不会像姐姐多丽丝那样，对自己信任。

然而，巴菲特并不畏惧，他不卑不亢地说："戴维斯先生，诚如你所言，到目前为止我还不能拿出一样能让人信服的东西。但是，凭着我这些年对股票的研究，现在可以不夸张地说，我对现有的股票和债券都了如指掌。"

看了看戴维斯一家人的反应，巴菲特继续说："同时，我对华尔街也非常了解，我相信在奥马哈，没有人能比我对股票的分析更好更透彻了。"

听到这个答复，显然戴维斯一家人并不十分满意，因为巴菲特说的毕竟太空泛了，很难让人信服。

"那好吧！巴菲特先生，"戴维斯医生彬彬有礼且矜持地说道，"我们现在不去讨论你的资质问题了。你现在能否告诉我，你是如何运作你的资金的吗?"

巴菲特自信地说："我要求绝对地控股，一切资金都由我单独处置。在日常的运营中，你们不会被告知资金的投资去向。但我承诺，每一年你们都会看到一份公司的年度总结报告。”

巴菲特的话很强硬，对于一般人来说，可能会感觉有点不太容易让人接受。

戴维斯的妻子回答道：“年轻人，如果我们不清楚我们的资金去向，我们会担心的。”

此时，戴维斯的家人七嘴八舌地议论了起来：“是呀！看不到你如何运作，我们怎么能放心呢？”“如果我们投资，我们不是像赌博一样了吗？”

谈判似乎一下子陷入了僵局，其实事实并不是这样。这是巴菲特故意制造的一种氛围，也是商界的一贯做法，这种氛围显然不是对方最初所期望的。

其实，巴菲特的某些语句是想故意引起戴维斯的注意，起到诱导的作用。他利用的就是人们日常购物中“便宜没好货”的心理来吊起对方的胃口。

面对戴维斯一家人的质疑，巴菲特继续说：“一年中我只在12月31日那天和客户打交道，在这一天，你们可以增加或抽回资金。其他情况下，资金都将由我单独处置。我运营管理资金的方式是不会变的。”

巴菲特平静地陈述着，不带任何修饰，但是内容非常清晰。虽然巴菲特对戴维斯资金的需求如此迫切，但他只想以他的条件来得到对方的资金。

当然，巴菲特也是非常善于谈判的，看到火候差不多了，他又提出了条件，戴维斯作为有限责任合伙人，可以得到巴菲特赚得利润中不高于4%的所有部分。而戴维斯投资的利润由两人分成，其中75%归戴维斯，25%归巴菲特。

这样一来，巴菲特就不是让戴维斯孤身赌博了，巴菲特的资金也在其中。看到巴菲特如此敢于坚持原则，条件也说得过去，戴维斯一家人动心了。

巴菲特告辞后，戴维斯一家人从各个角度又考虑了一番。从客观的角度来说，他们没有任何根据可作出判断。但医生的妻子多梦西则表示：“我喜欢这个年轻人的各个方面。”

戴维斯医生的女婿李·尔曼也表达了支持的意见，他认为巴菲特的思路非常清晰，又有这方面的经验，投资给他无疑是值得信赖的。最后，经过一家人的一致同意，戴维斯一家决定向巴菲特有限公司投入10万美元。

后来，戴维斯医生的女婿李·尔曼还曾向人多次提到这件事，他说：“这件事情很快就谈妥了，我们喜欢这样，你知道你和他所处的位置。”

能够得到戴维斯医生的投资，对巴菲特来说可谓意义重大。因为此前他所接受到的投资，都是来自姐姐、姑妈及其他亲戚朋友。

戴维斯的投资，就绝不仅仅是为他的父亲和艾丽斯姑妈进行投资了。因为有了戴维斯资本的加入，巴菲特从此将跨入职业投资者的行列。

戴维斯医生加入到巴菲特有限公司以后，巴菲特又利用各种渠道拉来了一笔不小的投资。这些资金的到来，为公司的发展壮大提供了条件。

有了资金，巴菲特开始显现出了他卓越的投资才能。1958年，巴菲特的合伙企业盈利上升到41%，这个数字遥遥领先于道琼斯指数，更远远高于银行利率。

由于巴菲特生意上的节节胜利，巴菲特也可以考虑改善一下他的生活条件了，其中最重要的是房子，因为苏珊此时已经怀上了第三个孩子。孩子的诞生，无疑需要巴菲特一家有更大的房子才行啊！

为此，巴菲特花了30000多美元，买了一套宽敞的房子。这是一幢20世纪20年代建成的有着褐色装饰的灰泥建筑，是一幅郊外中上阶层的风景图。它临着一条繁华的街道，但又掩映在树丛之中。在这里，巴菲特大展身手，令自己的公司再度创造了辉煌。

巴菲特一家搬过来不久，一个机会又来到了。耐普又飞到了奥马哈，这是巴菲特在格雷厄姆—纽曼公司的同事。此后他们也成为长期的合作伙伴。耐普后来谈起对巴菲特的第一印象时说："巴菲特几乎知道纽约股票交易所的任何一份资产负债表。"

那年，他和巴菲特一起开车去威斯康星的伯格依特，去听格雷厄姆的演讲。在路上，当耐普将美国邮政正在将它的4美分面值的印花退出流通的消息告诉了巴菲特。这可是个赚钱的好机会！

巴菲特欣喜若狂，在开车回家的路上，他和耐普几乎在每个邮局门前都停下来，最后，他们买了价值12000美元的印花。这是笔不小的收获。

然而，只对挣钱感兴趣的巴菲特，对漂亮的新房子并没有太多的欣赏。他在给杰里·奥兰斯的信中写道："这儿没什么新鲜的。我提到过我买了幢房子，有许多房间。"

也许是新房子花费太高的原因，巴菲特在给朋友的信中还提到这是一栋愚蠢的房子。生活条件的改善丝毫没有影响到巴菲特对理想的追求，因为此时他的理想就是挣到很多很多的钱。

在巴菲特认真运作下，至第三年，他掌舵的巴菲特有限公司，合伙人的原始资金已经被翻了一番。这让所有股东感到兴奋，当时很多人已经意识到跟着巴菲特准没错！

此时，奥马哈满城人都对巴菲特的神速起步及他那不同寻常的进取心，流露出惊讶的神情。

1960年早些的时候，一个名字叫地许的人，送来一张30万美元的支票，地许本人也精通投资之道，但在他的眼中，自己和巴菲特不在一个水平线上，巴菲特是他那个时代最伟大的投资人。

当时，巴菲特注意到随同支票一起摆在桌子上的还有一张纸条，上面写着把我也算进去。这个人后来成为哥伦比亚广播公司的董事长。而他早年加入到巴菲特的队伍中来，无疑为他个人财富的积累奠定了坚实的基础。

不过并不是所有人都慧眼识英，早期有一些投资人请巴菲特为他们投资，但更多的人则持否定态度。比如巴菲特的邻居奇欧，当时奇欧是一家公司的高级主管，尽管他后来的人生不能不算成功。

因为他在一连串的购并后进入了可口可乐公司，甚至一度成为可口可乐的总裁与《华盛顿邮报》的董事，但是，当年面对巴菲特时，年轻的奇欧却作出了一次错误的选择。后来奇欧在接受访问时表示，当初他拒绝了巴菲特为他投资的建议。

他说："当时，我有5个孩子，每天都得出门上班，巴菲特有3个孩子，却成天待在家里。他有个有趣的嗜好，收集模型火车，我们家的孩子常常大军压境般到他家去玩。

"有一天，巴菲特突然跑过来找我，问我有没有想过如何教育这些孩子，我告诉他我打算努力工作，然后再看看怎么做，巴菲特说如果我给他5000美元，他会为我做得更好，我太太和我讨论了好久，但我们都觉得，我们连这家伙靠什么谋生都不知道，怎么能把5000美元交给他呢？"

但是，之后不久奇欧就知道此前的决定是多么愚蠢，如果自己当时把那一点点钱交给巴菲特，"那么我现在很可能已经拥有了一所大学"。

再比如一位叫崔恩的作家，他在《股市大亨》一书中写道：我作了相反的决定，当时我正在为我的基金寻找好的投资标的，我首先遇到巴菲特，他正值事业创立初期，连个办公室都没有，就在自己卧室外的小小房间办公，既没有秘书也没有计算机，当我得知他不公开持股时，便决定不请他投资。为此，崔恩后悔不迭。

还有一次，在奥马哈的一个名为黑石的大饭店举行了一次午宴。

每个人都在谈论着巴菲特。当时奥马哈的一个名叫鲍勃的大腕也在现场。

鲍勃对投资到巴菲特公司的人说："这年轻人将来会破产，如果你不听我的建议，你会在不到一年的时间里赔光所有的钱。"

然而，却没有人相信这位鲍勃的话。因为人们对20多岁的这位新的股神，充满了信任。

有一次巴菲特参加了邻居们的一次会议。会议开始后，大家正热火朝天地讨论着，采取什么措施来对付市政府作出的《要重新规划法内姆大街交通的提议》。此时，巴菲特站起身来，以平静的口吻建议大家把这事儿忘了，应该把精力投入到应该做的事情上面去。

听到巴菲特的建议，对巴菲特充满信任的人们，立刻都意识到巴菲特是对的。于是，大家都停止了议论，纷纷回家忙自己的事去了。

当然，作为一个以赚钱为理想的人，虽然大家信任自己，但巴菲特也执意不肯透露自己的股票。因为他担心别人会模仿他，如果大家都跟着他买进，无疑会推高股价。

那样的话，巴菲特要更多地买进，他就得花更大的费用。这就会使自己的利润空间降低，甚至亏本。因此，巴菲特从不和任何人提及此事，他甚至害怕说梦话，因为他的妻儿可能听到。

日常生活中，巴菲特无时无刻不在把眼光瞄向股市，随时等待着进攻的最佳时机。

一天，巴菲特突然把他的律师丹尼尔·莫耐恩拉进了自己的车里。上车以后，巴菲特告诉了丹尼尔·莫耐恩一个新的计划，吃进美国国民火灾保险公司的股份。

美国国民火灾保险公司是人们所见过的最不起眼的公司，它是一个设在奥马哈的保险公司，由银行业巨头霍华德·阿曼森和他的兄弟海登·阿曼森控制着。

最初，美国国民火灾保险公司的股票是在20世纪20年代末，被分销给了内布拉斯加农场主们的，此后便被奥马哈的公众遗忘了。

现在阿曼森兄弟出价以较低的50美元一股买回股票。他们的出价很低，但是由于这种股票没有公开市场存在，股票持有者们也逐渐开始脱手了。

查阅了保险卷宗，并对各种信息进行苦苦挖掘了一番以后，巴菲特意识到50美元一股实在太廉价了，这么好的赚钱机会决不能让它溜走。

然而，巴菲特也存在一个问题，因为股票并没有上市，因此，他找不到股票可供他买进。此次巴菲特拉着他的律师好友丹尼尔·莫耐恩，就是打算跑去参加这家公司的股东年会，试图看到股东名单，试图凭着名单，前去收购股票。

当然，巴菲特的这个如意算盘，一下子被海登·阿曼森识破了。他很不礼貌地拒绝让巴菲特他们看股东名单。然而，巴菲特并不甘心，他建议莫耐恩开着车在全州找一遍股票。

看到莫耐恩犹豫不前，巴菲特鼓励道："就像当年我们去寻找高尔夫球一样，去寻找股票！无论到了哪里，就多方打探。只要发现，我们就以100美元的价格把它买下来！"

"100美元一股应该能够买到，但是那样我们还能赚到钱吗？"莫耐恩疑惑地问道。

巴菲特神秘地说："放心吧！我已经认真调查过这个公司的情况。100美元吃进，我们也会大赚一笔的。"

看到巴菲特坚定而急切的表情，莫耐恩放心了，他大声喊道："对，沃伦，就像当年我们找球一样，一定要收集到美国国民火灾保险公司的股票！"

在巴菲特的怂恿下，莫耐恩驾着一辆红白相间的雪弗莱车，向内布拉斯加最远的角落出发了。每到一地，不论是在乡村法院、银行或是类似的地方，莫耐恩每看到一个人，就向他提出以100美元每股收购美国国民火灾保险公司的股票。

就这样，在本来没有可能收购到的情况下，巴菲特通过近乎笨拙的方法，创造了成功的条件，他和他的合伙人得到10%的股票，赚的钱超过了10万美元。这是巴菲特首次击出的一记重拳。

事后莫耐恩说："这事听上去像是老生常谈，反映出他会为自己的想法而奔波。巴菲特是我见过的离'完美先生'最近的人。"

从巴菲特从事股票生意的独特思维方式上，可以看出他是一个对既定目标锲而不舍的人。很多巴菲特的朋友、同事以及合伙人都了解他的行事风格，他的这种行事风格不但铸就了他的人格魅力，也极大地推动了他的事业。

正如曾经投资、经营农场一样，巴菲特不仅仅经营股票，他还经常关注、研究各个行业的现状及发展趋势，以便在他认为有发展前途、有赚钱机会的行业进行投资。这种寻找商机、把握商机的洞察力和自信心是企业家成功的关键所在，巴菲特就是一位具备了洞察力和自信心的企业家。

不愉快的经历

和老师相比，巴菲特的胆子显然要大些。

他喜欢在某种股票上和人一拼高下，也敢于尝试各种新的投资方法。但不管做任何事，他都是以赚钱最大化为目标的。

也许正是因为巴菲特的这一性格特征，这也给他的投资生涯带来过一些不愉快的经历。这就表现在他对待丹普斯特制造公司以及这家公司对他的愤恨上。

1961 年，在股市上屡屡得手的巴菲特，买下了名叫丹普斯特制造公司的一家生产农业设备的公司。

这家丹普斯特公司，位于美国内布拉斯加州比阿特利斯镇，它是一个家族运营的公司，专门制造风车和灌溉系统。同时，这个制造公司也是该镇最大的一个企业。

几年前，巴菲特开车去过丹普斯特所在的比阿特利斯镇。那是一个暴风肆虐的草原上的镇子，那里的人们可以依靠的就是丹普斯特这个唯一的雇主。

后来，经过调查，巴菲特发现丹普斯特的公司总裁克莱德·丹普斯特，正在把公司弄得一团糟。最后，巴菲特得出的结论是这家公司“有钱，不过不挣钱”。

有了这个结论，巴菲特无疑感到自己又发现了一个巨大的商机。因为巴菲特比较擅长的手法，就是让对方因为不挣钱而低于正常价格卖股票，而自己迅速以低价买进。过一段时间，如果价格因某种原因上升，他就能出售获利。

当然，也有可能目标客户的股票不升值，这也难不倒巴菲特。因为如果价格不上升，他会在拥有了足够控制这家公司的股票后停止购买。然而，他可以通过变现，也就是清算资产而获利。

在巴菲特看来，只要是低价买进的股票，无论如何总会有利可图的。发现巨大商机后，巴菲特开始通过各种途径，吃进丹普斯特制造公司的股票。

对这时的巴菲特来说，丹普斯特制造公司依然是个实力很强的公司，完全控股还有一定的难度。他首先联络了两个朋友，三人控制了11%的公司股票。这时，巴菲特三人拥有的股权，已经仅次于丹普斯特家族了。

接着，巴菲特又通过手段聘用了李·戴蒙担任公司总经理，并策略性地把克莱德·丹普斯特，变成了一个有名无实的首脑。

在改变了公司的管理层后，巴菲特购买股票则更加顺利了。最后，巴菲特经过种种努力，终于也买下了丹普斯特家族的所有股份。

买下丹普斯特家族的所有股份后，巴菲特又以30.25美元一股的价格，吃进了不少其他人的股票，取得了对公司的控制权，成功地控制了这个规模颇大的公司。

然而，巴菲特的这次投资行为，却给自己带来了一场不小的麻烦。因为巴菲特控股后，丹普斯特公司每况愈下。那时公司仓库里堆满了风车的配件，而公司的运营又需要有资金不断地投入进来。

至1962年初，丹普斯特公司的贷款银行越来越不放心。为了防止贷款变成坏账，银行决定拿公司的存货作为贷款抵押品。很明显，情况已经非常危急，各种要关闭丹普斯特公司的议论也在小镇上响起。

公司的危机也给巴菲特带来了很大忧虑，因为他投入到丹普斯特的资金已经高达100万美元，如果这些钱收不回来，他可没法向那些合伙人交代啊！

无奈之下，巴菲特动员他的老友鲍勃·邓恩来比阿特利斯管理丹普斯特公司。在巴菲特的一再鼓动下，老友邓恩真的来了。然而，考察过后，这位昔日的老友也显现出了无奈，并很快地告别了比阿特利斯小镇。

一时间，巴菲特显得无计可施了。但是巴菲特是从来不肯轻易认输的，他还要争取。最后，巴菲特的朋友芒格，向巴菲特推荐了一个名叫哈里·波特尔的人。

经过巴菲特的努力，那位被称为“能处理各种棘手问题”的哈里·波特尔终于被他请来了。为了使公司尽快扭转局面，巴菲特还派了他的新雇员比尔斯科特去协助哈里·波特尔。

哈里·波特尔到丹普斯特公司以后，对公司进行了许多改革。首先他解雇了 100 个人。紧接着，外来的新管理层大规模收缩业务。

公司的裁员和收缩业务，自然激起了当地比阿特利斯镇人的不满，但哈里·波特尔在巴菲特的支持下，不为所动，继续推行他的改革。

人员调整后，哈里·波特尔又带领公司员工，四处翻检配件部门，以决定哪些该丢掉，哪些要重新定价。经过哈里·波特尔一系列的改革，濒临绝境的丹普斯特公司又出现了活过来的迹象。

公司的恢复自然也使巴菲特非常高兴。此时，他估计公司股票现在为每股 51 美元，而上一年为每股 35 美元。看来出手股票的时机已经成熟了，出手公司的股票一定可以为自己带来一笔不小的利润。

1962 年 8 月，巴菲特正式通知公司的股东，准备出售公司，并且在一些有影响的媒体上登了广告。也许是担心公司再卖后，可能会倒闭。此时，看到公司刚刚恢复，巴菲特就又打算卖掉公司，公司所在的比阿特利斯小镇的人愤怒了。

当时，一向善良的比阿特利斯镇人民全都发动起来了，他们赶走了巴菲特指派到公司的管理人员，并发誓一定要保存下该镇最大的企业。

为此，当地的人们自发地组织起来，筹集了将近300万美元以保证公司所有权仍然留在比阿特利斯。

那时各种对巴菲特的议论遍布小镇的大街小巷，各种抨击言论在四处宣扬。当地的一家报纸《比阿特利斯每日太阳报》，还专门开辟专栏，为赶走巴菲特，保住小镇的大公司进行倒计时。

为了保证公司的正常运营，小镇的人们又把公司创始人的孙子查尔斯·丹普斯特推到了前台，准备让他重掌家族企业的运营。

对于美国这个平凡而宁静的小镇来说，这段时间无疑是令人激动的。每一天，人们都屏住呼吸倒数截止日期，而整个镇子都在努力拯救这里唯一的公司。

这一天终于到来了，小镇的人们终于取得了胜利。为了庆贺成功，小镇还举行了隆重的仪式。仪式开始后，小镇的镇长走向麦克风，向全镇人民宣布巴菲特被击败了，公司被保存下来了。

顿时，小镇沸腾了。一时间，全镇警笛和钟声齐鸣，全镇的人们都兴奋地欢呼了起来。

对于巴菲特来说，他确实通过这次投资行为赚到了一笔钱。然而，这次投资引起的反应是他无论如何都没有想到的。多年以后，巴菲特还曾坦言，这段经历把他吓坏了。

对于小镇人们的反应，巴菲特有许多不理解，甚至委屈，因为毕竟是他为了公司的振兴到处请人，才使公司避免倒闭命运的。而自己最后却受到了人们的如此憎恨，这到底是为什么呢？

决策彰显勇气

从1956年开始，巴菲特带领他的合伙公司，在资本市场上如鱼得水，收获颇丰。每年丰厚的利润回报令巴菲特的合伙人个个喜笑颜开，也令其他的人羡慕不已。

然而，巴菲特感到并不十分满意，因为他感到自己的投资一直没一个比较成功的突破。直至1963年，这种突破出现了，那就是巴菲特投资了美国捷运公司。这个投资后来被认为是巴菲特第一口喷油井式的投资。

1963年，巴菲特开始研究一种与以往他买的任何股票都不相同的股票，那就是美国捷运公司股票。

美国捷运绝对是一个符合时代潮流的公司。它根本没有工厂，也没有硬件资产。实际上，它最有价值的资产就是它的名字。当时的美国，空运也已经非常发达，由于乘飞机旅行已经在人们的经济承受范围之内，所以中产阶级开始乘飞机到处旅行，旅行支票也就成了“通行证”。

捷运公司的一项业务就是同旅行支票有关，20世纪60年代初，捷运公司成千上万美元的票据在市场上流通，像货币一样被市场认可，人们毫不迟疑地接受着。这种支票被《读者文摘》称为“永不拒付的支票”。

最初公众还都觉得有必要带着现金去旅游。当美国《时代周刊》宣告“无现金的社会”已经到来时，一场革命即将开始，而美国捷运正是这场革命的导航灯。至1963年，有1000万公众持有“美国捷运卡”。

按照当时的情况，捷运公司的前景无疑是一片大好的。然而，公司的厄运也随之而来。

1963年夏季，美国捷运公司的子公司美国捷运仓储公司的一家仓库，接受了一大批联合原油精炼公司罐装色拉油。仓库给联合公司开出了收据，作为这批所谓的色拉油的凭证，而联合公司用此收据作为抵押来取得贷款。

后来，联合公司宣告破产了。联合公司的债权人要取走这些色拉油时，美国捷运发现罐里面装的一部分是海水。简单地说，就是仓库蒙受了巨大的欺骗，其损失估计达1.5亿美元。

由谁来承担这项损失呢？联合公司在负有责任的各方中是首当其冲的，但是它已经破产了，已无法履行法定责任。而美国捷运的子公司捷运仓储资产仅36万美元。因此，法律上捷运仓储股东责任仅此36万美元而已！

然而，美国捷运公司总裁霍华德·克拉克深深懂得对于一个大名登记在旅行支票上的公司而言，意味着什么，那就是——公众的信任高于一切。于是，在这项损失的承担者还未确定之前，克拉克宣布承担起损失。

11月22日，公司的股票消息传出，以前的65美元一股跌到了56.5美元一股。祸不单行，又恰逢11月22日美国总统肯尼迪遇刺，金融市场一片恐慌。美国捷运股价又一路下跌，甚至跌至35美元一股，股市行情一片惨淡。

此时，非常喜欢抄底买低价股票的巴菲特高兴起来了，他感觉美国捷运股价的下跌无疑是自己的一个好机会。当然，在决定是否下手之前，要首先了解信息。

当时，随着美国司法部门调查的深入，美国捷运被骗的事态日趋明朗。原来是联合公司被一个叫安东尼·安杰利斯的人偷换了色拉油。很快安东尼·安杰利斯也被判刑入狱。被骗事件也许就这样过去了。

巴菲特的调查也紧锣密鼓地展开了，为此，事务繁忙的巴菲特专门抽出时间，来到牛排屋，叫上一份牛排，一个人在牛排屋里面坐了一个多小时。巴菲特一边悠闲地咀嚼着牛排 ，一边观察着顾客的举动。

他刻意选在了一个临近收款机的位置，这有助于他的工作，这场调研没有让他失望，巴菲特欣慰地发现不论有多么恶劣的谣言，店内的顾客们依旧像往常那样使用着美国通用卡来付款。由此，他推断出，同样的情形也会发生在美国的其他城市的牛排屋中。是的，这是一个令人振奋的发现。

同时，他还要到奥马哈的银行和旅行社去观察，在那儿，他发现人们仍旧用旅行者支票来做日常的生意。

同样的，巴菲特拜访了出售美国捷运汇票的超级市场和药店，最后他和美国捷运的竞争者进行了交谈。纵然美国捷运公司受到了一定的质疑，但是这并不代表美国捷运公司在走下坡路。

巴菲特还发现，美国捷运在全国范围内，拥有旅行者支票市场80%的份额，还在付费卡上拥有主要的股份。通过调查巴菲特认为，没有任何东西能动摇它的地位，也不可能有什么能动摇它的地位。既然美国捷运公司的商标仍然是世界上畅行的标志之一，那么有什么理由拒绝这只潜力股呢?

经过这一系列的调查后，巴菲特发现，事件对美国捷运的影响并不是很大。巴菲特认为，在全国范围内，美国捷运公司拥有旅行者支票市场80%的份额，还在付费卡上拥有主要的股份。即使危机不断升级，也没有任何企业能撼动它的地位。

这也就是说，黑暗一定会过去，美国捷运公司一定能走得更长远。

然而，就在这时，又一件意外的事情发生了。

原来，面对联合公司债权人的起诉，一向把企业信用看得很重的克拉克，打算拿出6000万美元，给仓库的债权人，以求尽快平息诉讼。

克拉克的这一行为虽然是为了公司的信用和长远发展着想，但他无疑触犯了公司股东的利益。于是，美国捷运公司的股东又把克拉克起诉了。

这样一来，美国捷运公司的前途一波三折，更加令外界捉摸不透了。这时华尔街的证券商们对美国捷运公司的股票，如同大合唱一样，一齐高唱着“卖!”公司股票的下跌也就在所难免了。

此时，巴菲特感觉机会已经成熟了，他找到了美国捷运公司的总裁克拉克开诚布公地说道：“我愿意出1/4的资产购买你的股票。我认为这个价格是合理的。”

“为什么?”克拉克疑惑地望着巴菲特说，“你是知道的，巴菲特先生，我们公司目前处境不好，你的投资可能会使你蒙受损失的。这一点，我不能不告诉你。”

巴菲特敬佩地看着这位负责人，信心十足地对这位公司总裁说：“因为我相信你的勇气，相信你们公司的产品，更相信美国捷运很快就会走出低谷的。”

此刻，身受官司缠身的克拉克听了巴菲特的话，犹豫片刻，然后激动地站了起来，紧紧握住了巴菲特的手说：“你会成为一个好股东的，欢迎你的加入。”

当巴菲特告诉克拉克说他支持他时，一位美国捷运的律师连忙抓住时机，问巴菲特是否愿意提供证词。巴菲特毫不迟疑地表示愿意。

在律师的陪同下，巴菲特来到了法院，告诉美国捷运公司股东们他们不该起诉克拉克，并应该感谢克拉克，因为他正努力不让这件事缠上他们，这无疑是为公司的长远发展考虑的。

巴菲特的劝说起到了重要作用，更大大地帮了克拉克的一个大忙。多年后，克拉克回忆这件事时，还激动地说："巴菲特买了我们的股票，而任何在那种时候买进的人都是我们真正的同伴。"

尽管诉讼还在缓慢地进行着，但美国捷运公司的股价已经开始回升。然而，这一次巴菲特没有沿袭格雷厄姆的模式马上抛售股票以实现利润，他喜欢克拉克，而且喜欢公司的产品，因此，他不但没有抛售美国捷运公司的股票，反而逐渐增加了投资。

当然，巴菲特将自己大约1300万美元资金，投入到美国捷运公司这种股票上，也是要承担一定风险的。如果判断错了，巴菲特辛苦积累的财富和声誉将化为灰烬。

后来的事实证明巴菲特的判断是正确的，至1965年，美国捷运的股价升到了105.5美元每股，是巴菲特买入价的两倍。此后，克拉克把巴菲特视为知己，认为巴菲特是真正的伙伴，而在巴菲特看来捷运公司的产品更是令他着迷，因此后来仍旧持续不断地增加持股量。

巴菲特购买美国捷运的好处，不仅仅是获得了长久的利润回报，对美国捷运的投资，为他下一个战役——入主伯克希尔—哈撒韦奠定了坚实的基础。

1965年，巴菲特的朋友和合作伙伴马歇尔·温伯格从埃及旅行回来，巴菲特和妻子来到温伯格在曼哈顿的公寓拜访他。很少有美国人去过埃及，温伯格急切地说："嘿，沃伦，给你看看金字塔的幻灯片！"

"我有个更好的主意，"巴菲特淡淡地说，"把幻灯片给苏珊看，我到你的卧室里给你读一份年度报告不是更好吗？”

这份报告是有关沃尔特·迪斯尼产品的。

“我自己去时代广场看了一场迪斯尼公司最新推出的片子《玛丽·鲍宾斯》。”巴菲特告诉温伯格。

“你？你不会是对那个女明星感兴趣吧？”温伯格打趣地说。

“很有趣是吗？我一个人，穿着花呢衣服，带着公文包和爆米花，其他的观众都盯着我看。”巴菲特自我解嘲地说，“不过灯光一暗，他们就把我抛在脑后了。”

“我坐在黑暗中忍不住想，”巴菲特的声音突然激昂起来，“今天、明天，以及许多个使观众们被迪斯尼所吸引的明天，将会是多么大的一笔价值！”

夏天，巴菲特一家和朋友基格一家去了迪斯尼乐园。

“爸爸，快看啊，白雪公主！”“爸爸，我要去玩那个！”孩子们在乐园里开心地玩耍着。

巴菲特和基格骑着车，一段路一段路地走，一个景点一个景点地评估。他指着收藏有卡通画和彩片的图书馆大声说：“这是无价之宝。”

后来，巴菲特在迪斯尼拍摄场地拜访了沃尔特·迪斯尼本人。巴菲特见到他时，他没穿外衣，生机勃勃，好像永远都是那么热情。巴菲特被他对自己工作的那种喜爱所深深触动——这和巴菲特自己是多么相似啊！

巴菲特花400万美元买下了迪斯尼5%的份额。

像以往一样，巴菲特不会将他持有美国捷运或迪斯尼的消息告诉给股东，但他会在每年的年度报告中，不遗余力地对他的各种运作途径事先作出充分解释，而且解释得十分具体。他清楚地知道合伙人对他的信任是相当重要的，明白误解会使一个团体走向崩溃。

一次，巴菲特正在办公室和一位名叫比尔·布朗的银行家举行会谈。秘书走进来说："先生，有位合伙人想见您。"

"我现在很忙，请他改日吧！"巴菲特吩咐道。

过了一会儿，秘书又走了进来："巴菲特先生，他坚持要见您，想要搞清楚他的资金到底投向了什么地方。"

"请稍候。"巴菲特霍然起身，走了出去。片刻他重又进来，对秘书说："抬高价格把那家伙挤出合伙企业。"

他转向布朗歉意地一笑，解释说："他们该知道我的规矩，我一年只向他们汇报一次。"

"可是投资人知道自己的资金流向又有什么不好呢？"布朗很不解地问。

"我的投资组合比较反传统，不像别的基金那样平均分配，而是喜欢集中在几种较出色的股票上。"巴菲特解释说，"股东若是知道的话，一来会比较担心，二来也会干扰我的独立操作。"

"哦，多元化组合难道就一无是处吗？"布朗有些不服气。

"把几百种不同的股票塞进自己的证券组合，唯一的好处就是跌或涨都没有明显影响，但拥有那么多股票只会使一个人无法挑选出优胜股票。事实上，我怀疑他们对所选择证券的了解，甚至还赶不上一个酋长对他一百个女人中任意一个老婆的了解程度。"巴菲特的这番话总结得虽有些刻薄，但是一针见血。

而巴菲特也的确有资格这样说。在合伙人企业经营的第二个5年中，扣除巴菲特应得的利润份额外，他的有限责任合伙人的投资额上升了704.2%。盈利则是道琼斯指数的6倍。对于一个最初始的投资者来说，比如戴维斯医生一家，每10万美元都变成了80.4万美元。

巴菲特合伙企业的总资产至1966年年初时，已增长至4400万美元，而在他35岁时，他已经变得相当富有。他曾写信给合伙人："苏珊和我的投资有684万美元，这样就可以防止我偷偷溜出去看下午场的电影了。"

巴菲特如一颗新星般脱颖而出，第一次尝到了出风头的滋味。5月份，《奥马哈世界先驱报》的读者在第二版顶部看到了巴菲特花狸鼠般露齿一笑的样子。画面上的巴菲特一只耳朵贴着话筒，梳着毫不入时的短发，显出一脸的热切表情。报上写道："全美国最成功的投资企业之一是在奥马哈，它的经营者是一位在年仅11岁时就买进了第一张股票的年轻人。"

尽管在金融新闻总局和全国性商业出版物上还没有关于他的文章，但在众多投资者眼中，巴菲特的地位正逐渐达到神话般的程度。

崇尚节俭生活

巴菲特天才的投资才能为他赢得了巨大的成功。1962 年，巴菲特合伙人公司的资本达到了 720 万美元，其中有 100 万美元属于巴菲特个人。事业发展到这个阶段，应该调整投资方式，巴菲特将其最小投资额扩大到了 10 万美元。

至 1964 年，巴菲特的个人财富达到了 400 万美元，而此时他掌管的资金已高达 2200 万美元。

对于巴菲特合伙企业而言，财富的增长是飞速的，从进入投资领域到 1969 年的 13 年中，他的投资组合平均以每年 29．5% 的速度增长。

其中 6% 作为利息，余下的利息中 75% 乃是合伙人利润，只有 25% 是巴菲特的报酬。但算下来，合伙人的年收益率仍高达 23．6% 。

公司在发展壮大，巴菲特自然也获得了巨大的收获。从 1950 年的 9800 美元，至 1969 年的 2500 万美元，他的个人投资的年增长率超过 54% 。

当然，这种盘旋上升的财富积累，并没有对巴菲特的生活方式产生任何显著的影响。他依旧偏爱帕索的灰色男装，罗斯的牛排以及内布拉斯加大学的足球比赛。

平时，巴菲特的举止态度也没有任何迹象表明他很富有。的确，他的房子里房间多了一些，并且还增加了一个羽毛球场，高高低低的屋顶显得错落凌乱，但对于拥有百万财产的富翁而言，它毕竟太普通了。

一天，一家人围坐在一起吃饭。小儿子彼得从摊开的报纸上突然抬起头，睁大双眼惊讶地盯着父亲问：“爸爸，这报上说你有2500万美元，是真的吗？”

“我很遗憾你到今天才知道，”巴菲特开玩笑地说，“我们是不是应该在床上放个标志，比如说‘今天是长子值夜班看守钱财’什么的？”

“这可是笔大数目，你能分给我多少？”初出茅庐的小彼得天真地问。

“哦哦，彼得，你放心，我会在遗嘱里提到你的。”巴菲特俏皮地安抚儿子说。

女儿苏茜噘起了小嘴，“可是爸爸，我连自己的车都没有，还要在马车商店里干活来赚钱。”

“这就对了。”巴菲特半是玩笑半是认真地声明：“你们不要奢望从我这里得到一个子儿，我害怕哪怕是一点钱都会让你们几个孩子变坏。”

这样教育的结果是使巴菲特全家对金钱很淡漠，而且处于一种随意和平等的气氛。人们顺路走过时，不用打招呼就可以使用他家的球场，来的人如此之多，俨然成了公共社交场所，这个私家球场也几乎成了公用体育场所。

苏珊将房子装扮成明亮的橘红色和黄色，对所有大小朋友都敞开家门，巴菲特有时会下楼亲自为大家和他自己爆些玉米花。每到周六晚上，客厅总是挤满了人，孩子们的小朋友为苏珊演奏自己作的曲子，苏珊也会为他们演奏几曲，气氛非常热烈。

1971年夏天，苏珊和丈夫商量在洛杉矶南部海滨购买了一幢价值15万美元的度假屋。第一个夏天里，3个10多岁的孩子待在这里玩耍了一番，而巴菲特对孩子的朋友们表现得很有耐心，只要有空闲就和他们嬉戏。

一天晚上，巴菲特带着这一大帮人去吃晚饭。饭后，餐厅侍者拿着巴菲特的信用卡过来，颇有些怀疑地说："抱歉先生，您已用到限额了。"

巴菲特向妻子扬扬眉毛，二话没有，又老老实实地递给侍者第二张信用卡。

"哈哈哈……"巴菲特的可怜神情让苏珊和孩子们笑痛了肚皮。他们对巴菲特说，他身上实在没有一点儿架子和派头能够显示出他是一位百万富翁。

巴菲特很少想过要把他的财富花费在物质享受上，享受本身并不是他对财富渴求的原因，金钱只不过是一种证明，是他所喜爱的游戏的一个记分牌而已。和大多数人富起来就大力置办豪华轿车相比，巴菲特一家的大众车显然和现在的百万富翁不相适应了。但巴菲特并不在乎自己的车有什么寒酸。

一次，巴菲特开着他的这辆大众牌汽车去接人，朋友从机场坐上巴菲特的车后，一直感叹："嘿！沃伦，你现在已经是百万富翁了，应该换一辆像样的车了。"

巴菲特微笑了一下说："但我并没有感觉我的这辆大众牌汽车差呀！我开了几年感觉挺好的。"

朋友无可奈何地说："沃伦，你是做投资的，你可以随便选择你的行为。但是如果你的行头太差了，可能会影响到投资者对你的信心的。"

"嗯！你说的有道理。"听了朋友的话，巴菲特才意识到也许自己的大众牌汽车确实该换一下了。

第二天，巴菲特对苏珊说："亲爱的，也许我们该换辆车了。你没感觉到咱们的大众牌汽车有些寒酸了吗？"

苏珊也很赞同巴菲特的观点，于是就说："当然是该换一辆了，但买哪种车好呢？"

巴菲特并没有为选择哪种车而浪费时间，他从不愿在这种小事上耗费精力的，于是回答道："随便哪种都行，我无所谓哪种。"

于是，苏珊买来了一辆车身很宽的凯迪拉克牌汽车。

巴菲特有钱了，巴菲特也出名了，奥马哈的人们对巴菲特都异常尊敬，甚至崇拜了起来。

一次，奥马哈一家计算机公司的副总裁霍德和巴菲特一起飞往休斯敦。途中，他天真地问："沃伦，做一个百万富翁的滋味怎么样？我以前从未认识过百万富翁。"

"只要我愿意，我可以用钱买到任何想买的东西。"巴菲特简单地回答。

这是实情，许多人梦寐以求的东西，巴菲特都可以得到了，但这些对他没有太大意义。他只是梦想着如何一天一天堆积更多的财富。

20 世纪 80 年代末，巴菲特已称得上是名满天下了。他破例花 670 万美元买了架飞机，每天忙忙碌碌地参加各个董事会，与美国企业名人的经理们打牌，与总统、国会议员们共进晚餐……

巴菲特很受他们的欢迎，因为他没有一点财大气粗的架势，仍然保持着朴实、节俭的风格。

巴菲特有一次和另一位亿万富翁约翰·克鲁格一起为 ABC 电视台做节目，录音结束后，克鲁格钻进了等在一旁的高级超长轿车，而工作人员却惊讶万分地看着巴菲特泰然自若地走下人行道，挥手叫住了一辆计程车。

"我说沃伦，你就穿这身衣服去参加晚会了？"一次，苏珊回奥马哈时，发现巴菲特的西装已经皱得不像样子。

"那又有什么关系，我本来就是一位混入上流社会的乡巴佬。"巴菲特却满不在乎。

"苏茜，把你爸爸架到商场去。"苏珊抓起手袋，招呼女儿，"我们该给他弄几套体面点的衣服了！"

于是这套 1500 美元的杰尼亚西服就成了巴菲特的制服。他拒绝了其他人一次次让他定做衣服的建议，嘟囔着说一套足矣。

当时一个经纪商的妻子，在她女儿的《儿童手册》上“3 个现代最伟大的人物”一栏下面写道：施韦策、爱因斯坦，还有沃伦·巴菲特。

这种崇拜之情当然让巴菲特感到很高兴，但也使他急躁起来。随着一次次成功地飞跃，代表期望的横竿越来越高；星星越是明亮，它燃尽之后的阴影越是黑暗。没人在华尔街能永远赢下去，他很清楚这一点。

选择急流勇退

20世纪60年代正是美国股市牛气冲天的时代，整个华尔街进入了一段疯狂的投机时代。对于很多资金持有人来说，这是争先恐后的年月。

此时，电子类股票、科技类股票突飞猛涨，随着投资者们对短期利益的追逐，股指也不断创出新高，在投资者“恐惧”和“贪婪”这两种情绪中，后者占了上风，在乐观的预期下，他们对再高的股价都不害怕，把套牢的恐惧忘得精光，他们似乎相信自己的直觉，认定股价还有上涨空间。

这种疯狂投资的表现随处可见：证交所排起了长队，投资基金如雨后春笋般建立起来。随着巴菲特基金规模的扩大，面对连创新高的股市，巴菲特却逐渐不安起来。

一次，巴菲特在写给一个合伙人的信中说道：

格雷厄姆这辈人退休了，随之带走了对大萧条时期残酷的记忆。华尔街觉察到年轻一代人的崛起，他们中的许多人在1929年时尚未出世，同时也对上一辈人无穷无尽的回忆十分厌倦了。

更重要的是，他们对大崩溃之前的狂乱岁月没有任何记忆。对他们而言，投机是无可厚非的。20世纪60年代牛气冲天的股市对于他们就像初恋一样充满新鲜感，甚至连他们交易的股票都是新的，电子发行，庞大的集团，小的成长股票。

所有这些都要求一种忠诚，似乎此时，只要忠诚就足够了，股票在纷纷上涨。

巴菲特对股市的忧虑，开始显现出来，也可以从他和孩子的对话中发现他对股市的忧虑。

一次，巴菲特在给孩子们讲故事，而他的这个故事就和对股市的忧虑有关。

故事的大意是一个石油勘探者来到天堂门口，听到一个令他万分沮丧的消息：为石油工人保留的“庭院”已经满了。在得到圣彼得的恩准可以说几句话后，这位石油勘探者大声叫道：“地狱里发现了石油。”

于是，天堂里每个石油工人都纷纷出发寻找冥府财宝去了。圣彼得对他留下了深刻的印象，并告诉他说现在天堂里有足够的地方了，完全可以容纳它的崇拜者了。

这个勘探者犹豫了一下说：“不，我想我该跟余下的这些人一起去，也许在谣传的背后会有些真实的成分。”

故事说完了，不懂事的孩子都笑了起来，对巴菲特说：“哈哈！爸爸，那个人真傻啊！明明地狱里有石油的谣言是他自己编的，他后来自己怎么也相信了呢？”

巴菲特没有回答孩子们的问题，只是皱起眉头，在考虑当时华尔街股市的种种问题。

与对股市泡沫产生忧虑的还有投资环境的变化。当时，巴菲特拥有了更多的现金，但是，股价都在上升，可进行投资而可做的交易越来越少，这两方面的矛盾使他陷入了困境。

尽管在当时看来，只要追逐市场，不动任何脑筋就会变得越来越富有，但是巴菲特永远是一个真正的“投资者”，而不屑做投机家们做的事。

除了不屑做投机者之外，巴菲特投资还有一个原则，那就是敢于坚持原则。

1968 年，当巴菲特正逐步吸纳一家家庭保险公司的筹码时，一天，当他的经纪人为他买进了价值 50000 美元的股票后，巴菲特突然打电话让经纪人撤单。

原来巴菲特听到了内部消息，那个家庭保险公司将被城市投资公司以高价接管。第二天，消息公布，巴菲特错过了一个获利的大好机会。尽管他明明知道买下它是合法的行为，但他永远有自己的行为准则。

进入 1968 年，美国陷入一场政治的动荡中，随之美国经济也开始动荡，而市场跌入了令人目眩的深渊之中，于是投资者们逐渐把注意力放在短期投资上。

这造成的结果在股票上显现了出来，当时股票的交易已经达到了疯狂的地步。“大屏幕”的一日平均成交量达到了 1300 万股，比 1967 年的纪录还要多 30%。

那时，股票交易所里的员工被大量的买卖单据忙得喘不过气来，这在它的历史上是破天荒第一次。那时的一个基金的管理人员宣称，单从每周每小时股价做出研究是不够的，证券必须以分钟间隔来进行研究，也就是说，金钱已经挂在了时间的齿轮上，每时每刻都在流动。这种情况使人觉得出去取一听百事可乐都有负罪感。

当时，巴菲特的某些合伙人打电话给他，提醒他市场走势还会更高。对于这些电话，巴菲特都一一驳回了。

1968 年，在股市的一片飞涨之中，巴菲特和他的基金虽然非常谨慎地进行投资，但也获得了非常可观的收入。这一年，巴菲特公司的股票取得了它历史上最好的成绩：增长了 46%，而当年的道琼斯指数才增长了 9%。巴菲特掌管的资金上升至 1.04 亿美元，其中属于巴菲特的有 2500 万美元。

1968年年底，股市的牛市正断断续续发出死亡前的呻吟，许多股票的市盈率达到了40～46倍之高，有的甚至达到了100倍。尽管如此，基金经理们仍乐观地认为人们在特定的时刻认为某种股票价值多少，股票就值多少。

此时，这位具有非凡经营眼光的投资天才，开始对寻找股票彻底失望了。

1969年5月，当股市一路凯歌的时候，巴菲特做了一件非同寻常的事，他担心自己陷入对苦难不幸的哀叹之中，同时也担心所得的盈利付诸东流。

“苏珊……”巴菲特欲言又止。

“你想说什么，沃伦？”结婚10多年，苏珊早已明了丈夫的神态意味着什么。

“我想我该到抽身退出的时候了，我想关闭合伙人企业，再开一个新局面。”巴菲特在妻子鼓励的目光下说出了一个重大决定。

“你想清楚了吗？你今年的业绩不是很出色吗？”苏珊吃惊地问。

“我知道这需要勇气，在华尔街人们决不会关闭企业，偿还资金，尤其不会在鼎盛时期。但是我真的不喜欢目前的市场环境，我不愿将自己的成绩在这些经济泡沫中跌个粉碎。”

“也许你可以卖股票，把资产换成现金，然后再等待机会，何苦一定要退出呢？”苏珊提出了另一种选择。

“但是每个合伙人都希望由我来运作，来带领整个联盟，这让我感到一种无法推卸的压力，要让我放慢脚步的话，唯一的办法就是停下来。”巴菲特和妻子推心置腹地说。

“按你的想法去做吧，”苏珊理解地轻轻拥住丈夫，“我会一如既往地支持你。”于是，他宣布隐退了。

主意打定之后，巴菲特立刻通知他的合伙人，他要隐退了。随后，巴菲特开始逐渐清算了巴菲特合伙人公司的几乎所有的股票，悄悄退出了异常火爆的股市。

在当时一片火爆的华尔街，那些投资家们是绝不会关闭企业，将资金偿还的。然而，巴菲特却那样做了。在大多数人看来，其实巴菲特可以有许多种选择，比如他可以只售出他的股票，将其换成现金，然后等待机会。

但那只是大多数人的看法，毕竟不是巴菲特的看法。巴菲特自有他的考虑，他认为如果合伙人的钱依然还在自己手里，那么那些合伙人都渴望他来继续运作。这无疑感到自己要承担太多太重的无法推卸的责任。

巴菲特后来也曾提到这次隐退，他说："如果我要参与到公众中去，我就身不由己地要去竞争。我明白，我并不想毕生都在忙于超越那只投资的兔子，要让我放慢脚步，唯一的办法就是停下来。"

但他退隐的计划并没阻挡他股市神话的奇迹。1967 年合伙人企业向前推进 30%，比道琼斯多出 17 个百分点，其中大部分来自美国捷运公司，它已狂涨至 180 美元/股，在这项 1300 万美元的投资中，巴菲特赚取了 2000 万美元的利润。他还从迪斯尼上赚了 50% 的利润。

1969 年，巴菲特把大多数时间都花在了对投资组合的清算上。他继续将奥马哈作为自己的运作基地，却对纽约股市的所有行情了如指掌。《邓恩评论》在采访他时问："在这样一个快节奏时代，您怎么能留在悠闲落后的内布拉斯加呢?"

"奥马哈和任何别的地方一样好，"巴菲特正面回答，"在这儿你可以看到整个森林；而在纽约，很难看到树木外的其他东西。"

"可是你在奥马哈如何得到纽约的'内部消息'呢?"记者穷追不舍。

"有了足够的内部消息，再加上 100 万美元，你可能会在一年内破产。"巴菲特回答道。这是一句非常中西部风格化而且揭露本质的话。

就这样，巴菲特执意隐退了。他的退出虽然使一部分人感到惊讶，感到不可思议，但这并没有阻止他们对股市的狂热追求，华尔街的股市还是一片大好。

然而，巴菲特的这次急流勇退，再一次证明了这位股市天才的卓越眼光。

到了当年的6月份，巴菲特隐退的决定开始被认为是英明的。道琼斯指数下降至900点以下，至1970年5月，股票交易所的每一种股票都比1969年年初下降50%。

此后的几年间，美国股市就像个泄了气的皮球，没有一丝生气，持续的通货膨胀和低增长使美国经济进入了“滞胀”时期。然而，一度失落的巴菲特却暗自欣喜异常，因为他看到了财源即将滚滚而来，他发现了太多的便宜股票。

1972年，巴菲特又盯上了报刊业，因为他发现拥有一家名牌报刊，就好似拥有一座收费桥梁，任何过客都必须留下买路钱。

1973年开始，他偷偷地在股市上蚕食《波士顿环球》和《华盛顿邮报》，他的介入使《华盛顿邮报》利润大增，每年平均增长35%。10年之后，巴菲特投入的1000万美元升值为2亿美元。巴菲特是有史以来最伟大的投资家，他依靠股票、外汇市场的投资成为世界上数一数二的富翁。他倡导的价值投资理论风靡世界。

价值投资并不复杂，巴菲特曾将其归结为三点：把股票看成许多微型的商业单元；把市场波动看作你的朋友而非敌人（利润有时候来自对朋友的愚忠）；购买股票的价格应低于你所能承受的价位。

“从短期来看，市场是一架投票计算器。但从长期看，它是一架称重器”——事实上，掌握这些理念并不困难，但很少有人能像巴菲特一样数十年如一日地坚持下去。

巴菲特似乎从不试图通过股票赚钱，他购买股票的基础是：假设次日关闭股市或在5年之内不再重新开放。在价值投资理论看来，一旦看到市场波动而认为有利可图，投资就变成了投机，没有什么比赌博心态更影响投资。

要投资那些始终把股东利益放在首位的企业。巴菲特总是青睐那些经营稳健、讲究诚信、分红回报高的企业，以最大限度地避免股价波动，确保投资的保值和增值。而对于总想利用配股、增发等途径榨取投资者血汗的企业一概拒之门外。

继续书写神话

对信息的搜集、整理、判断、处理的过程就是经营生意的过程。

——巴菲特

及时捕捉商机

巴菲特的辉煌和伯克希尔—哈撒韦公司有着重大的关系，后来人们也把这个名字叫作“伯克希尔帝国”。

伯克希尔的前身是由奥利弗·蔡斯创建的，他于1806年在罗得岛州的普罗维登斯开业。业务渐渐发展为纺织业的龙头，使伯克希尔公司的纺棉量曾一度占到整个国家棉花总量的1/4。

1929年，几家纺织公司和伯克希尔棉花生产公司联合起来，并更名为“伯克希尔纺织有限公司”。

第二次世界大战和战后那些年为公司的发展提供了商机。在军需品公司的请求下，公司纺织品生产也将原来300万码的生产任务增加至500万码。

战争结束后，伯克希尔精棉纺织有限公司和另一个叫哈撒韦的制造公司共有180万美元的利润，遍布新英格兰州的10多家大型工厂，共雇用员工1万多人。

后来，一场强大的飓风造成了其中一个工厂的毁灭，对公司最大的综合建筑也造成了严重的损害。哈撒韦公司不得不和伯克希尔棉花纺织公司合并，合并后公司的名字也改为伯克希尔—哈撒韦公司。

由于纺织生意非常难做，在接下来的9年里，伯克希尔—哈撒韦公司每况愈下。至1964年，这个曾经规模宏大的公司，几乎只剩下一堆瓦砾、两个工厂和大约22万美元的资本净值。

根据经济理论来说，如果一家公司经营不善，迟早会有投资者认为自己能把它的资产派上更大的用场，于是将它接管下来，这一切就在巴菲特注意到伯克希尔时发生了。

其实早在20世纪50年代，巴菲特就已经注意到这家公司了。那时的巴菲特在格雷厄姆—纽曼公司工作，他只是在看着这家公司的股票在一路下滑而没有做任何表示。

直至1962年为止，巴菲特都不过是一个目睹公司经营惨状的旁观者。此时伯克希尔的股价已跌到了每股8美元，这看上去是个相当不错的机会。

随着他兴趣的逐渐高涨，一位叫丹尼尔·考因的纽约经纪商朋友，又为他找来了一大堆股票。

1963年的一天，考因应巴菲特的要求来见他，笑容满面地说："恭喜，沃伦，你已经是伯克希尔最大的股东了。"

"我今天找你来就是为了这件事，"巴菲特严肃地说，"我要你对外界暂时隐瞒我的股东身份，替我出面来处理一切事宜。"

"那你需要我下一步做什么呢?"考因敏感地察觉到朋友可能要有什么大举动。

"我要你先在伯克希尔董事会里争到一席之地。"巴菲特明确地指示。

股界消息流传很快，渐渐有传言说考因的客户是巴菲特。伯克希尔的销售总监认识巴菲特，马上直接打电话询问："沃伦，你是不是在买我们的股票？你还要买进更多的份额吗?"

"有可能，但也说不准。"巴菲特含糊其词地敷衍过去了。没有任何人意识到巴菲特将会有什么样的动作。

不久以后，巴菲特参观了这个纺纱厂。他复印了自20世纪20年代以来伯克希尔的全部财务状况，然后又要求看看厂房。肯·察思，一位平易近人、快满50岁的化学工程师被派去陪同他。

在两天的时间里，长着方方下巴的察思带着巴菲特在纺织厂里四处转。巴菲特觉得一切都很神奇：厚厚的一捆捆棉花原料消失在巨大的漏斗里，纤维被织成闪闪发光的透明网状物，它们像绳子般的细丝在成千上万台的纺架上被拧成纱线，好像士兵集结到一起。

“这台机器是干什么的？它的技术年限是多少？公司目前销售什么产品？销售对象是谁?”巴菲特提出了一连串的问题，每件事都要刨根问底。

凭自身实力奋斗成为生产副总裁的察思对答如流。

“那么，”巴菲特突然停住脚步，盯着察思问，“您能告诉我公司目前的经营状况如何吗?”

“坦率地说，很不乐观。”察思回答，“事实上，我们面临着全面的衰败。除两家纺纱厂外，其余的厂子都被关闭了，资产减少了一半，而且只剩下2300名工人。”

巴菲特点点头，继续向前参观，兴致勃勃地提问，但心里却已经找到了自己想要的人。

就是这样的一家陷入困境的公司，被沃伦·巴菲特和他的投资合伙体看中，他从1962年开始购入这家公司的股票，于1965年购买下了伯克希尔—哈撒韦公司，取得了这家公司的控制权。

大约一个月后，察思的一位朋友打来电话：“你还记得那个沃伦·巴菲特吗？他想控制伯克希尔—哈撒韦公司，而且已经拥有了足够的股票。”察思还未来得及从这个消息中反应过来，对方接着说：“他有事想和你谈谈，希望你能到纽约的广场饭店和他见个面。”

在一个春光明媚的日子里，巴菲特和伯克希尔的一个化学工程师察思一同走进前面的一家小店，巴菲特买了一些冰激凌和奶油棒。

巴菲特单刀直入地问道：“我想让你当伯克希尔—哈撒韦公司的总裁，你意见如何?”

“好，我同意。”察思下意识地点了头。

“那你先不要把这件事告诉任何人。”巴菲特叮嘱了一句，“想想你都需要些什么，伯克希尔已经是你的孩子了。”

此时的察思当时已经48岁了，而这个许诺启动他事业的人却只有 34 岁。

巴菲特的这个许诺很令察思费解，他还没来得及答应下来，巴菲特就补充说他已经掌握了足够的股票，可以在下次董事会上办妥这件事情。巴菲特和察思的谈话前后不到 10 分钟就结束了，而察思却一直没回过神来。

正式接管伯克希尔—哈撒韦公司后，巴菲特真的任命察思为公司的新总裁。正式接管的那天清早，巴菲特飞到了新贝德福德。他理着一个小平头，衣服扣得紧紧的，尽是皱褶，还被一个公文包和巨大的旅行袋向下坠着，活像一个热情奔放的推销员。

这是 1965 年 5 月 10 日，伯克希尔—哈撒韦公司的股票当天便开始暴涨，以 18 美元每股收盘。董事会会议之后，巴菲特和察思漫步走过这座历史悠久的纺织厂。

此时，察思早已准备好要听取这位新业主对工厂的计划，但是巴菲特却说任何有关于纱线和织布机的事情都由察思来处理，而他自己只管资金。

“那么您靠什么来评价我的工作呢?”

“我不在意你能生产出或卖出多少纱线，对一个孤零零数字所表示的利润额也不感兴趣，我关心的只是利润与资本投资额的百分比值，那才是我评价你业绩的标准。”巴菲特提出的是一个关于投资回报的基本理论。

“可是，我还是不太明白你的意思。”察思觉得这个观点真是闻所未闻。看到一脸迷惑的察思，巴菲特向察思讲解了一些有关投资回报的基本理论。

经过一段时间的解释后，巴菲特最后说：“我宁愿要一个盈利率为 15% 的 1000 万美元规模的企业，而不愿要一个盈利率为 5% 的 10 亿美元规模的企业，我完全可以把这些钱投到别的地方去。”

“还有，”巴菲特补充说，“我会拨给你一笔 18000 美元的贷款，足够你买进1000股股票。”

“不，我可还不起这么一大笔钱。”察思开玩笑似的拒绝了。他的工资不到30000美元，平常连根鞋带都不愿去借。

“我们应该与企业同风险、共命运，”巴菲特是个优秀的推销商，推销自己时尤为出色，“难道你不相信我吗？我向你保证，所有的付出都会得到应有的回报。”

“我相信您，巴菲特先生，我接受您的提议。”察思有种很强烈的预感，只要有巴菲特来主管，好运气就会来临。

很明显，巴菲特买下伯克希尔看重的是可以投资的“别的地方”。很快，察思也认识到了巴菲特的用意，他向别人提及这事时说：“我很快就明白了，沃伦最关心的一件事就是更快地周转现金。”

因此，巴菲特对伯克希尔—哈撒韦公司的管理就是抓重点。他放手给察思以自治权，他告诉察思不必为每季度的项目和其他一些浪费时间的琐事所烦扰，而巴菲特只需要察思给他送来每月的财务报表。当然关于资金的调度大权属于巴菲特本人。

接管伯克希尔—哈撒韦公司后，因为巴菲特关注的重点是资金，所以当巴菲特发现，纺织品是一种日用品，总是处于供过于求的状况中，制造商们无法靠提高价格来获取更多的利润时，他对继续追加投资的兴趣变低了。

在以后的两年里，尽管世界纺织品的市场十分繁荣，伯克希尔—哈撒韦公司得到了不错的回报，但巴菲特并不是十分满意。因为权益资本收益率并未超过10%的水平，这对于一向擅长投资赚大钱的巴菲特来说，无疑有点失望。

于是，巴菲特便不愿意再追加投资到伯克希尔—哈撒韦公司了。当然，巴菲特并没有放弃改变伯克希尔—哈撒韦公司的努力。为了尽快使这项大的投资实现盈利，巴菲特要求察思对公司存货和固定资产进行清理。

经过察思的一段清理整顿后，伯克希尔—哈撒韦公司的局面大为改观。最明显的特征是公司的现金状况也好转了，这令巴菲特和他的合伙人都高兴了起来。

1967年时，巴菲特问林沃尔特是否可以在凯威特广场暂留一下，两人讨论一件事情。这个林沃尔特是国家赔偿公司的主要持有者。

事情已经很明显，巴菲特又开始盯向国家赔偿公司了。当然，这并不是一件容易的事。在这之前，巴菲特已经从一位名叫查尔斯·海德的奥马哈经纪人那里知道，要想说服林沃尔特放弃国家保险公司绝非一件易事。

然而，巴菲特认准的事情，就会一干到底。和林沃尔特沟通时，林沃尔特并不是十分热情，巴菲特只好说只需占用他15分钟的时间。

后来，在林沃尔特的回忆录《国家赔偿公司及创始人逸事》中有这样一段记录：

巴菲特开门见山地说："你为何从未想过要卖掉你的公司？"

林沃尔特回答道："也许只有恶棍和破产的人才会想要它。"

巴菲特问："还有其他原因吗？"

林沃尔特说："我不想让别的股东得到的每股收益比自己低。"

巴菲特继续追问："别的呢？"

林沃尔特回答道："我也不愿让我的雇员丢掉饭碗。"

"别的呢？"

"我想让它在奥马哈持续经营下去。"

"别的呢？"

"理由还不够多吗？"

"你的股票价值多少？"巴菲特切入正题问道。

"市场价每股33美元，但股票本身每股值50美元。"

"我要买下它。"巴菲特说道。

最后，经过艰难的谈判，巴菲特终于以总成交价格860万美元，买下了国民赔偿公司和火灾及海运保险公司的全部流通股。

此次购买的资金是用伯克希尔—哈撒韦公司赚得的，因此，这是伯克希尔—哈撒韦公司多元化经营的开始，也是他非凡成功故事的开端。

当时，很多人都感到很奇怪，为什么一个纺织工厂想要并购奥马哈的一家保险公司，这好像有点风马牛不相及啊！

当然，巴菲特有他自己的考虑。原来，经过认真研究后，巴菲特发现，虽然纺织品行业有一定的利润，但它更需要厂房和设备投资，这对于急于大笔资金进行投资的巴菲特来说，无疑是不利的。

而保险行业就不同了，保险公司投保人为之提供了稳定的现金流入，保险公司可以用这些现金进行投资，直至有索赔发生。由于索赔发生的不确定性，这就为巴菲特提供了一大笔可供长期使用的资金。

因此，在外界感到不可思议的事，其实对巴菲特来说，得到的不只是两家运作良好的公司，更是一个良好的筹资平台。此次并购杀入保险业，对于巴菲特这样的股票投资老手来说，这真是再好不过了。

巴菲特购进这两家公司时，拥有价值2470万美元的债券和720万美元的股票投资组合。至1969年，仅经过两年，巴菲特就使这两家公司债券和股票总值达4200万美元。

有了充足的资金后，巴菲特的财富增长得更快了。以前伯克希尔是属于自己的合伙控股企业，随着巴菲特合伙人企业的解体，至1970年，巴菲特个人拥有了29%的伯克希尔股票，大概有47.5万股，他成为了伯克希尔最大的股东。

积极进行扩张

1969 年，在华尔街大萧条前，巴菲特成功地提前退出了，当时他公司的资金已经达到了 1 亿美元。为了应对股票的崩盘，巴菲特把其中的 1700 万美元投资到股票上，而其他的 8000 多万美元被他投资到了证券上。

至 1972 年，购买证券向来要求稳妥的巴菲特又开始活动了。显然，他从华尔街又嗅到了股票上涨的信息，就像猎人看到了猎物的踪影，他又要在股市上一显身手了。

然而，此时的股市在外人看来，并不是那么好。当时的美国政治上刚刚经历过著名的尼克松“水门事件”，弹劾总统成为当时美国人的一个重要话题。

而在经济上，美国经济出现了明显的衰退，通货膨胀也非常严重，华尔街的股市上一片萧条。

伯克希尔保险公司的证券组合价值 1.01 亿美元，其中只有 1700 万美元投资于股票，巴菲特把余下的钱一股脑儿都投到了债券上。但是，他逐渐一步一步回到了游戏规则中来，这次导致他转变的催化剂又是华尔街。

此时，1969 年的股市崩溃还让许多人记忆犹新。在 1969 年的大崩溃中损失惨重的那些投资者、经纪人们，都吓破了胆，有的还转入到了其他行业。

曾被繁荣后的崩溃吓坏了的基金管理者们，都纷纷缩回到壳里。经纪人的报告空洞无物，分析家们都在为人送包裹，那些 1969 年上市的公司眼睁睁地看着自己的股票跌了一半。

那些仍然坚守在股市上的资金，此时也变得非常谨慎，他们都选择把资金投资在那些广为人知的成长型股票中，如宝丽来、雅芳等成熟稳健的股票。

当时，人们还给这些股票起了一个好听的名字，叫作“漂亮的50种股票”。在当时普遍流行的观点中，这些公司有一定稳定性，所以，它们不同于大繁荣时代那些忽高忽低的公司，将会永远成长下去。因此投资它们无疑是安全的。

当然，投资这些公司是安全的。在1972年，“漂亮的50种股票”以天文数字般的80倍盈利率的价格在市场上交易。于是，在股市一片萧条的情况下，那些基金纷纷聚集到更安全的股票上来，把这些优秀企业的股票拉得非常高。

很明显，现在再投资所谓的“漂亮的50种股票”，此时利润也已经非常有限了。善于出奇制胜的巴菲特自然不屑于追逐那“漂亮的50种股票”，他要在“漂亮的50种股票”之外寻找机会。这也是巴菲特从不人云亦云、另辟蹊径的做事风格。

股市的低迷给巴菲特却带来了截然不同的反应。他的改变出奇地熟悉却完全颠倒了方向，就像过去年代里电影胶片倒放一样。在大繁荣的年月里，他的主意和愿望慢慢地干涸了；但在现时市场没落的情况下，他却活蹦乱跳的像一匹小马驹。

巴菲特一直在寻找低价的股票，至1973年，巴菲特身边的人们发现，巴菲特开始研究各个公司的股票，他这儿抓一把NPI公司，那儿抓一把底特律国际桥梁公司，接着是美国卡车、芝星维公司、汉帝哈曼，一大串名单都在巴菲特的视野中徘徊。

当市场下滑时，巴菲特企业名单的数量增加得更快了，考德威尔班克公司、狄恩瑞特公司、国王商场、摩西鞋业公司、福特汽车公司、匹克赛夫公司，这些显赫的公司的资料，都出现在了巴菲特的面前。

经过认真的研究，巴菲特不断在寻找着商机，而他本人也处在一种极度的亢奋之中。

有一次，巴菲特与人谈话时，他的眼睛眨了眨，“你知道，”他说，“有几天我起床以后甚至想跳踢踏舞。”

发现了商机后，巴菲特就会果断出手。那时，巴菲特会拿起电话，订购股票。

“巴菲特先生，你要咨询什么股票？”

“我不要咨询，”巴菲特略显兴奋地说，“我只想知道有没有××公司的股票？”

“有。你打算吃进多少？”

“你们有多少？”

“我们有很多，能吃进5000股吗？当然还有更多的，10000股也有的。”

“那就把10000股统统吃进！”巴菲特果断地说。

据巴菲特的一个经纪人克利福德·海斯后来回忆说：“巴菲特会每天两三次，甚至四五次地打电话进来。他以一种引人注目的大呼小叫的方式回答一句最普通的‘你好！’，仿佛他无法控制自己喜悦的心情。”

当时，巴菲特在疯狂地吃进股票。然而，外人感到吃惊的是，巴菲特的股票还在一路下跌。至1973年年底，巴菲特的投资组合的市值已经跌至了4000万美元了。

对此，巴菲特并没有过分地忧虑。面对朋友的咨询，他还幽默地调侃道：“幸好我现在经营的不是合伙人企业，如果我不把合伙人企业解散，目前的市值情况可能会令那些合伙人发疯的。”

至1974年，巴菲特的账面损失更加严重了。而用伯克希尔股票价格来衡量的净价值跌了一半多，然而这些事实对他的士气却没有任何打击。

巴菲特的一个朋友后来回忆说："从巴菲特的谈话中来看，他仿佛没意识到什么。"

那时巴菲特持有的主要是联合出版公司股票，这个公司的股票上市时曾经是10美元一股。然而，它却不断下滑，在一个月内降至了8美元一股。

然而，巴菲特还在继续吃进，从1974年1月8日那天开始的107天时间里，他都买了联合出版公司股票，最低买价达到5美元一股。这个做法自然使人们感到疑惑。

当时的各大刊物都以显著标题，描述这场前所未有的恐慌。如：《商业周刊》说"从墓地呼啸而过"；《福布斯》说"为什么买股票"；《商业周刊》说"可怕的崩盘"，等等。

此时的美国在全球势力范围内也处于衰退之中：在欧佩克组织成功业绩的激励下，第三世界国家正在组建卡特尔；经济学家们认为美国黄金时代的发展到头了。

华尔街也被国家的阴沉气氛所笼罩，"漂亮的50种股票"也在不断下跌，施乐从171美元跌至49美元。

股票的一路走低，为巴菲特继续吃进股票提供了条件。经过这一轮的吃进以后，巴菲特的财富王国里变得丰富起来，纺织、保险、糖果、零售、银行、出版等多种行业都加入了进来，这些低价位吃进的股票，为巴菲特后来的发展壮大提供了条件。

这实在是一个股票乱世，但也只有现在才是出英雄人物的理想时机，可惜并不是所有人都有这种胆识和毅力来做英雄。

9月份，格雷厄姆从他的退休生活中重新露面，劝告证券分析家们认识到所谓的"价值复兴"。他语重心长地提醒道："投资，并不要求天才。它所需要的是：第一，适当的智慧；第二，良好的经营原则；第三，也是最重要的一点，是顽强不屈的性格。"

也就在这个时候，1974年10月初，巴菲特生平第一次对股票市场做了公开的预测，他接受了《福布斯》对他的采访。

“您对当前股市有什么感想?”记者问他。

“现在是该投资的时候了!”巴菲特说。

“什么?现在吗?”记者吃惊地问。

“不错，现在是华尔街少有的几个时期之一：美利坚正在被抛弃，没人想要它。”巴菲特镇静地重申了自己的反应，“当别人害怕时，你要变得贪婪。”

他热情地表示：“我把投资业称为世界上最伟大的商业，因为你永远不必改变态度。你只需站在本垒上，投手扔来了47美元的通用股票、39美元的美国钢铁公司股票!没有惩罚，只有机会的丧失。你整日等待着你喜欢的投球，然后趁外场投手打瞌睡的时候，大迈一步将球去丢向空中。”

他曾在1969年洗手不干，但是现在，正当市场处于低潮时，他又系好了钉鞋，竖起了球拍，准备出击了。

巴菲特又回来了!现在是该投资的时候了!

巴菲特的大儿子豪伊认为他的父亲是自己所认识的人中第二聪明的，在他看来，最富有智慧的是他父亲在西海岸的朋友查理·芒格。芒格是巴菲特的共鸣板。只有芒格，巴菲特才会让他走进自己的帐篷。

巴菲特总是一副欢快的样子，而他的这位洛杉矶伙伴却很冷峻。他没有巴菲特那种轻松优雅，常常连再见都懒得说，喜欢在对什么事作出结论后就马上从椅子上站起身并走得无影无踪。

在许多次收购活动中，巴菲特都用芒格做他的律师，但他们的事业却是彼此分开的。巴菲特曾劝芒格：“老兄，你的才智用在法律上太可惜了，加入我的伯克希尔吧!”

芒格却总是一耸肩，轻快地回答：“算了吧，那我自己的公司怎么办?”事实上，自从20世纪60年代起，他就一直经营着一家投资合伙企业。

但他们职业上的联系却不可避免地发生了。他们每人都各自独立地在洛杉矶公司买进一种叫蓝筹印花的股票。巴菲特为自己买了一点，也为伯克希尔公司买了一点。至20世纪70年代初，巴菲特成为蓝筹股票的最大拥有者，而芒格则位居第二。

蓝筹公司从分发赠券的超级市场收取费用，然后用“免费”的烤箱、草地椅等东西来换取这些赠券。巴菲特对烤箱没有任何兴趣，他感兴趣的只是钱。而蓝筹的“利润”——也就是出售给零售商的那些赠券，每年达到1.2亿美元。于是巴菲特又多了一个货币储备来源。他和芒格双双加入了蓝筹的董事会，并接管了投资委员会。

1971年，巴菲特和芒格遇上了一桩好生意。

罗伯特·弗莱厄蒂是蓝筹公司的一位投资顾问，他得知加州最主要的巧克力连锁店喜诗糖果店将要出售。蓝筹公司的一位决策者威廉·拉姆齐也很有意思要买下它。两人在办公室打电话给正在奥马哈家中的巴菲特，讲述了这件事情。

“哦，什么，”巴菲特说，“糖果生意！我觉得我们并不想做糖果生意。”话音刚落，他就挂上了电话。

拉姆齐听到他这番话后，心烦意乱地在屋子里踱来踱去等着再接通巴菲特的电话。每一分钟都过得那样漫长。秘书在慌乱之中错拨到巴菲特的办公室，那儿没人应答。

约莫三四分钟后，他们终于找到了他。他们还没来得及说话，巴菲特就说：“我正在看它的数字呢。好吧，我愿意出个价买它。”

他随即打电话给芒格商量这件事，说：“你知道，也许产自法国8英亩葡萄园里的葡萄的确是全世界最棒的，但我总是怀疑其中4%是说出来的，而只有1%是喝出来的。”

“你这是什么意思？”芒格干脆地问。

“我的意思是说，加州爱吃巧克力的人们都乐意为公司的糖果多付一些钱的。”

“你再把那些数字给我念一下。”芒格说。

巴菲特照办。芒格沉默了一下，说：“账面价值不大嘛！他们开价多少?”

“3000万美元。”巴菲特回答，“但我觉得2500万美元已经足够了。”

“不错，我也这么想，买入价不能高过2500万美元。”芒格响应了巴菲特的意见。

他们真是非常走运，尽管价格相差很大，但由于无人竞争，公司回电话答应了2500万美元的价格，这是巴菲特迄今为止做的最大的一项投资。

选择合作双赢

在商业战场拼杀，相互竞争无疑是非常普遍的，但竞争有时会带来很多负面的东西。在很多情况下，只有与别人开展合作才能取得更大的共赢，而共赢的前提就需要让人放心。

巴菲特作为一个具有超凡经营意识的投资者，自然明白这些，在对《华盛顿邮报》和可口可乐的投资上，巴菲特就充分利用了这一原则：让人放心。

巴菲特喜欢报纸，他的一生都与报纸有缘，儿童时期，他就曾做过几年的报童。历史也许有许多巧合，巴菲特做报童时就曾卖过《华盛顿邮报》，多年以后，没想到自己竟成为了这家报纸的股东。

《华盛顿邮报》于1877年由斯蒂尔森·哈钦斯创办，它是美国华盛顿哥伦比亚特区最大、最老的报纸。20世纪70年代初，通过揭露水门事件和迫使理查德·尼克松总统辞职，《华盛顿邮报》获得了国际威望。

当时的华盛顿邮报公司是一家综合性媒体，包括报纸、电视广播、有线电视系统和杂志。1973年，华盛顿邮报公司的上市总值为8000万美元。

而经过认真调查后，巴菲特估计华盛顿邮报公司的实际价值有四五亿美元。

即便这样，巴菲特还是给自己定下一个原则，要在邮报市场价格少于其总实质价值的1/4时才买入。不论情况如何，他都将在公司价格大大低于它的实质价格时才毫不犹豫地买进。这个策略符合老师格雷厄姆的教诲：低价买进才会保证有安全性。

从1973年2月开始，巴菲特开始逐渐吃进华盛顿邮报公司的股票。

华尔街股市的萧条，无疑给巴菲特吃进华盛顿邮报公司股票提供了便利。至当年的10月，巴菲特已经成功买进华盛顿邮报公司股票的70000股，成为了这家公司的最大外部投资者。

巴菲特对华盛顿邮报公司股票的购买虽然进行得很低调，但是后来华盛顿邮报公司的女董事长凯瑟琳·格雷厄姆还是知道了。

看到一个非家族成员拥有华盛顿邮报公司这么多股票，凯瑟琳未免心存顾忌。即使巴菲特没有控制权，但对她来说这也是不安全的。

此时，巴菲特明白，他需要让凯瑟琳确信他的购买纯粹是投资行为。为了让她放心，巴菲特决定亲自去拜访一下这位华盛顿的女富豪。

在给凯瑟琳寄去一封友善的信后，巴菲特穿着一身朴素的衣服，来到了华盛顿凯瑟琳那富丽堂皇的豪宅。

看到巴菲特的着装，凯瑟琳微笑着说："巴菲特先生，你为什么喜欢穿这样的衣服呢？"

巴菲特微笑了一下说："倒不是我非常喜欢这种着装，好像许多人都要找我衣服的茬儿，我为了满足大家的愿望，所以才穿了这件衣服。"

凯瑟琳准备的宴会开始了，各种丰盛的美食、香槟都摆了上来。然而，在宴会上巴菲特只是喝那相对廉价的百事可乐。

整个社交界都很兴奋，因为不管就餐时在座

的人穿得多么高雅庄重，巴菲特先生总是只喝百事可乐。凯瑟琳生日聚会那天，许多大人物们聚在一起用餐。出版商兼文学鉴赏家麦尔考姆在高潮中起身，用银勺轻轻敲了几下盘子，人们立刻安静下来，静候他的发言。

“各位，”麦尔考姆拿出一瓶澄澈莹碧的葡萄酒，大声宣布，“这是凯瑟琳出生那年装瓶入窖的，让我们共同分享这份生之喜悦。”

“哗……”掌声立刻响起，人们频频点头，准备品尝这瓶他花大价钱买来的上好佳酿。

当侍者走到巴菲特面前时，这个百事可乐的忠实者用手挡住了杯子。“不用了，谢谢。”他说，“我看我还是省点儿钱吧！”

巴菲特和凯瑟琳经历了很美好的谈话时光。巴菲特保证他不再购买华盛顿邮报公司的股票，并书面宣布他希望伯克希尔能“永久”保持所持有的股票。凯瑟琳也就一些财政问题咨询了巴菲特，发现他是一位很有真知灼见的行家高手。一种友好、轻松、坦诚的合伙人关系开始在两人之间逐渐形成。

巴菲特作为回报，也邀请凯瑟琳去自己的海边度假屋做客，并特意买了个沙滩椅。

凯瑟琳很喜欢巴菲特家的随意气氛，但当她和巴菲特躺在沙滩椅上时，却发现他的几个孩子一直在周围打转，充满期待地大笑。

她捉住漂亮的女儿，问：“告诉阿姨，你们笑什么？”

“啊，爸爸为欢迎您买了这些椅子，”女儿心直口快地回答，“可我们还从未见他下过水呢！”

所有人都大笑起来。巴菲特笑得有些发窘，而凯瑟琳却笑得有些感动。

她移过身子诚恳地说：“我希望您有一天能加入董事会。”

“那您还在等什么呢？”巴菲特也是当仁不让。

“如果您以后有意见就尽管说，但一定要说得婉转些，如果冲我大叫大嚷的话，我宁愿去上吊！”凯瑟琳半开玩笑半认真地重申了自己的权威地位。巴菲特拍拍她的手，示意她根本不需要说这番话。

巴菲特参加宴会的事，在华盛顿传开了。顿时在整个华盛顿的上流社会，都在流传着巴菲特这个“乡巴佬”的幽默故事。

当然，巴菲特关注的不是这些。通过这次和凯瑟琳的见面，他告诉这位控制着华盛顿邮报公司的女富豪：“我只是一个投资者，我的兴趣在于赚钱。而我对公司的管理绝对没有兴趣。”

1974 年秋天，巴菲特成为华盛顿邮报公司的一名董事，他是第一个自己带着椅子坐到桌子旁边的人。他在董事会议上很少说话，但偶尔也会插上几句。

在一次会议上，一位致力于寻找投资新领域的工商管理硕士对每位消费者在传媒和娱乐工业部门的花费作了一番概述。他指出，家庭娱乐的数目达到了 50 亿美元。

巴菲特抬起浓浓的眉毛足有 3 寸之高。“50 亿美元，这个数字很有意思，”他说，“这意味着美国如果有 2000 万 10 多岁青少年的话，那么每人每月都要在录像上花费 20 美元。”这就是他脑子运转的方式——用数字来说话。不用说，华盛顿邮报公司没有涉足于录像业。

与此同时，巴菲特也成为凯瑟琳的私人教师。每次他去华盛顿总会带上一大堆年度报表，然后教她一行一行地阅读它们。

一天，巴菲特送给她一张迪斯尼报告的封底图片，上面画着一个小孩熟睡在婴儿车中，旁边写着：“这是读第 20 份年度报告后的你。”

凯瑟琳开始公开引用巴菲特的原话和大量财务术语。回答职员提议时，她常说：“有意思——我们去问问沃伦吧！”有些同事认为巴菲特在操纵她，但凯瑟琳觉得和他在一起很有意义。他并不告诉她要做些什么，而只是提出建议和劝告，越了解巴菲特，就会越喜欢他。

实际上，巴菲特总是尽量小心地不明确表态，而是促使凯瑟琳变得更自主一些。“沃伦，你来一趟华盛顿好吗？”一次，凯瑟琳又给他打电话，“我想让你参加一项谈判。”

“什么内容?”

“我想把华盛顿邮报公司在华盛顿的电视台加一笔钱，换成底特律的一家电视台。”

“不行,”巴菲特说，“你自己去谈判。”

“那好吧，我们给多少价?”凯瑟琳问。

“不知道。你自己想，你能想得出来。”

从某种意义上说，这种方法更有效一些。正如老师充分信任一名学生，那么诚挚的学生绝不会辜负他。

巴菲特的出现给不是很擅长财务管理的凯瑟琳撑了腰，再没有人敢轻易欺骗这位富有的寡妇；而凯瑟琳也把他当作自己“最贴心的朋友”，无论是个人事宜还是商务大事，都很信赖他。一种叫作“友谊”的东西开始成长起来。

有一次，巴菲特邀请凯瑟琳去奥马哈参观。他知道她根本不知道奥马哈在哪里，便决定开开她的玩笑。登上飞机以后，他叫她画一张美国地图，标出奥马哈的位置。这张地图简直糟糕透顶，他想抢过来留下作个纪念，但凯瑟琳手脚很快，一把就把它撕成了碎片。

还有一次，他们到拉瓜迪亚之后，凯瑟琳急着要打电话，便问他有没有 0.1 美元。巴菲特在口袋里摸出 0.25 美元硬币，和其他百万富翁一样，他舍不得浪费 0.15 美元，于是就跑出去想换成零钱。气得凯瑟琳在身后跺脚大叫：“沃伦，快把那 0.25 美元给我!”

为了让凯瑟琳放心，巴菲特还建议全权委托凯瑟琳的儿子代理自己行使股票权。

巴菲特的努力终于使凯瑟琳消除了疑虑。在这种情况下，凯瑟琳放心地邀请巴菲特加入董事会，并且很快任命他为董事会财务委员会主席。

在以后的日子里，巴菲特在华盛顿邮报公司发挥了重要的作用，更重要的是他教会了凯瑟琳如何运作一家成功的企业。

当然，更为重要的是巴菲特通过华盛顿邮报，确实赚到了很多钱。1973—1993年，巴菲特对华盛顿邮报公司的投资数额由1000万美元上升至4.4亿美元。

而华盛顿邮报公司给巴菲特的回报则更高。当巴菲特购买华盛顿邮报的时候，它的股东权益报酬率是15.7%，只略高于斯坦普工业指数的平均股东权益报酬率。

但至1978年，华盛顿邮报公司的股东权益报酬率就增加了一倍，是当时斯坦普工业指数平均股东权益报酬率的两倍，比一般报社高出约50%。

在以后的10年间，华盛顿邮报公司一直维持着它的领先地位。至20世纪80年代末，华盛顿邮报公司的股东权益报酬率更达到了36.3%。

快速发展的背后，自然也让巴菲特的投资达到了预期的目的。1975—1991年，华盛顿邮报公司赚取的现金，比转投资于本业所需资金多出许多。

面临将盈余还给股东还是运用到新的投资机会的选择时，巴菲特倾向回馈给股东，其做法是大量购入邮报公司的股票，以每股60美元的价格，购入了43%的股份。

统计资料表明，从1973—1992年的20年的时间中，华盛顿邮报公司为它的业主赚了17.55亿美元，从这些盈余中拨给股东2.99亿美元，然后保留14.56亿美元，转投资于公司本身。其市值也从当年的8000万美元，上涨至27.1亿美元，市值上升了26.3亿美元。

1990年，华盛顿邮报公司将每年给股东的股息由1.84美元增加至4美元，增加了117%。这样，无论是卖出该股票或继续持有该股票的投资者，都由此获得了丰厚的回报。

华盛顿邮报的高额回报，再一次证明巴菲特认为“一份强势报纸的经济实力是无与伦比的，也是世界上最强势的经济力量之一”的看法是符合实际的。

巴菲特加入华盛顿邮报公司董事会后不久，重新又对另一个老牌公司产生了兴趣。

巴菲特从哥伦比亚坐火车来到华盛顿，敲开 GEICO 的门时，它还只是一家小公司。在随后几年中，它迅速成长。洛里默·戴维斯这位曾在多年前的那个周六耐心倾听巴菲特提出问题的人，已经晋升为总裁，而 GEICO 也一跃成为全国最大的汽车保险商。

但 20 世纪 70 年代初戴维斯退位后，GEICO 的新管理层出现严重失误。至 1976 年初，它宣布前一年份的亏损额达到惊人的 1.26 亿美元。1974 年时的股票曾创下每股 42 美元的纪录，而如今跌到了 4 美元。

与此同时，GEICO 的原主席、巴菲特的老师本杰明·格雷厄姆，度过了自己 80 大寿的庆典，过着一种宁静朴素的生活。

一个宁静的冬日，巴菲特敲开了格雷厄姆的家门。许多年不见，昔日沉稳睿智的老师与青春热情的学生都已让岁月改变了模样，成为白发苍苍的老翁与名动天下的投资家。两双手穿越时光，紧紧地握在了一起。

他们一起畅谈过去的物是人非，真是感慨万千。巴菲特转入正题，很恭敬地说：“谢谢您给我资格和机会与您一起合著《聪明的投资人》的合订版，但我想放弃合著者的身份，只愿意做一名‘合作者’。”

“为什么呢？”格雷厄姆仍保留着师者风范。

“这个，”巴菲特沉吟了一下，但仍在老师面前坦诚相告，“我发现我们在一些根本问题上存在着分歧。”

“说说看。”老师又在循循善诱。

“我希望书中能有部分内容来界定‘大型企业’，确定它们的

‘内在价值’问题。”

“可是一般读者并不需要这点，他们基本上没有机会像你一样大手笔地买进。”

“您建议一个人投资在股票上的资产额上限为75%，我倒更乐于在合适价位上押上我所有的赌注。”

“并不是别人都像你一样有足够的判断力，适当地保留余地是必要的。”

“我可不想千里迢迢来与您争斗，”巴菲特抛开了这个话题，转问老师，“您近来注意到GEICO的动荡了吗?”

“是的，我明白你的意思，我还有些积蓄在GEICO的股票里。”格雷厄姆不慌不忙地回答。

“您知道吗?”巴菲特的眼神变得温暖起来，“自我很久以前售出GEICO的股票后，我心里一直有个心愿，我想大规模地重新投资于这个公司，就像对华盛顿邮报公司一样。”

“在它面临破产的不安全条件下吗?”老师的眼神却依旧锐利与理性。

“它目前是陷入了一场大麻烦，但如果管理能得到改良的话，这将是一个机会。”

巴菲特向前挪了一下身子，重又像当年一样热切地凝望着老师。“更重要的是，我想跟随您的脚步，拯救您的公司。”

“太多愁善感！太英雄主义!”老师下了评语，但他的眼神也温暖起来，拍拍巴菲特的肩，老人说：“去干吧，孩子，谢谢你!”

1976年4月，GEICO举行年度会议，400名股东解雇了原总裁，精力充沛的约翰·丁·伯恩取代了他的位置。

伯恩在全国范围内关闭了100家办公机构，裁员将近一半之多，但仍无济于事。现在GEICO的财产值跌至了最低点，只值2美元一股了。这个一度不可征服的公司正面临着成为保险业有史以来最惨痛失败者的危险。

巴菲特决定出手了。

遵照他的意思，凯瑟琳给伯恩打电话说：“伯恩，有位贵宾想见见你。”

“我现在没空，让他另找时间吧！”忙得焦头烂额的伯恩没好气地回答。

时过不久，伯恩又接到GEICO原总裁戴维斯的电话：“伯恩，你是不是怠慢了沃伦·巴菲特啊？”

“我？没有哇！”伯恩有些莫名其妙，但突然省悟到什么，“等等，刚才凯瑟琳来电说有人想见我，被我拒绝了。”

电话那头沉默了一下，戴维斯随即大声咆哮起来：“你这头蠢驴！快到他那儿去一趟。”

7月的夏夜，在凯瑟琳家的豪宅中，巴菲特与伯恩长谈了数小时，他对GEICO的现状有了充分了解，也对伯恩的魄力留下了深刻印象。临别前，他握着伯恩的手说：“GEICO是一个正在度过一段困难时期的伟大企业，暴风雨总会过去的。”

伯恩也心领神会地表示：“我会记住您这番话的。”他已经在长谈中看到了希望的曙光。

伯恩离开后数小时，巴菲特就起床给自己的经纪人打电话，指示他以2美元的价位买进50万股GEICO，并说随时都准备“买它几百万股”。

在华盛顿邮报公司年度董事会上，他更是泄露出消息：“我刚刚投资了一家也许会破产的企业，也许不到下周，所有投资都会化为泡影。”但一旦开始，巴菲特绝对不会中途停下，伯克希尔很快就在GEICO上投资了400多万美元。

但GEICO远未脱离危险，它必须筹集到新的资本。伯恩跑遍了华尔街上的8家公司，都遭到了拒绝。他极度沮丧地回到了当时还是个小公司的所罗门兄弟公司。

伯恩坐定以后，所罗门总裁古特弗伦德拿开嘴里叼着的雪茄，冲他很不高兴地冷笑一下，“不知道有谁会买你兜售的这种该死的再保险协议。”他说。

伯恩心平气和地回答：“你对自己所说的该死的东西一无所知。”

他表现出的男子汉气概给古特弗伦德留下了深刻印象。他立即要求自己的分析家研究了 GEICO 股票，听到巴菲特投资的消息后，他就更加安心了。

8 月份，所罗门兄弟公司同意替 GEICO 承销价值 7600 万美元的优先股，并发行成功，巴菲特一个人就买下了 25% 的股份，相当于伯克希尔 2300 万美元的投资。

短短 6 个月时间里，GEICO 就上升至 8 美元，达到原来的 4 倍。随后几年内，伯克希尔把份额翻了一番，从而使巴菲特成为具有控制权的投资者。

不久，伯恩兴冲冲地来见巴菲特，按捺不住内心的喜悦：“沃伦，有人投标想收购 GEICO，是全球前 500 名企业中的一个。我们该怎么办？”

“你自己做主好了。”巴菲特不动声色地说。

“哦，拜托了，你可以完全告诉我怎么办吗？”伯恩真是拿他没办法。

巴菲特仍是什么都不说。他拍拍伯恩：“走吧，我答应过陪你去参加纽约夜市交易会，再不走就迟到了。”

交易会上热闹非凡，许多金融界与商界的大人物们都前来参加。

“嗨，沃伦，”那位投标 GEICO 的企业家热情地拉住了巴菲特，“咱们得谈谈，我听说你在 GEICO 里有控股权。”

“那你可就找错了谈话对象。”巴菲特把伯恩推到了身前，“他才是你们该找的人。”便转身离去了。

不一会儿，满面焦急的伯恩在人群中终于找到了正满脸笑容与人应酬的巴菲特。他把巴菲特拉到一边，小声恳求道："你就在我耳朵边悄悄说个价格嘛！"结果巴菲特还是保持缄默。

曲终人散，巴菲特看到了一脸沮丧的伯恩。伯恩做了个苦相，说："谈崩了，他们嫌价高。"

"这就对了！"巴菲特终于绽开了笑容，"GEICO 的好日子还在后头呢，干吗要卖掉它！"

"可你先前为什么不明确反对！"伯恩很惊讶。

"因为我信任你，你有权决定一切。"

伯恩觉得心底涌起一股暖流，但还是忍不住叹了口气："我说沃伦，要想知道你脑子里究竟想什么，实在是一件很困难的事。"

1976 年 9 月，GEICO 尚未完全脱离困境，格雷厄姆就在法国的家中逝世了，享年 82 岁。许多年后，当伯恩接受传记作家采访，谈到自己的事业时，伯恩带着明显的喜悦说："我最成功的事情是选对了英雄人物，它都来自于格雷厄姆！"

1976 年圣诞前夜，华盛顿邮报公司总部里彩灯闪闪，人声鼎沸，这里正在举行传统的圣诞晚会。

巴菲特拿着他的百事可乐，和大家随意闲聊着。突然，他注意到几位主管领着一位肤色黑黑的客人躲进了一个房间。"凯瑟琳，"他拉住正路过身边的朋友，"那是谁？"

"啊，是文森特·麦奴，一位报业经纪人。"凯瑟琳看了一眼，回答说，"他想说服我们投标购买《布法罗新闻晚报》。"

巴菲特的耳朵一下竖了起来，他问："你对这生意有兴趣吗？"

"布法罗只是一个又旧又冷、满是铁锈的钢铁城，这家晚报又没有周日版，倒有 13 个工会。"凯瑟琳没直接回答，耸耸肩，摇摇头。

"开价多少？"巴菲特关切地问。

"4000 万美元。不过没人特别感兴趣，麦奴已经降到了 3500 万美元。”凯瑟琳突然有所领悟，她笑着问：“沃伦，你莫不是对此感兴趣了吧？”

“哎，凯瑟琳，如果你不买的话，我可就不客气了。”巴菲特果然表明了立场。

经纪人麦奴不久就接到了巴菲特的电话。

“你星期天工作吗？”巴菲特问。

麦奴说：“这要紧吗？”

“我想你可能在乎。”

1977 年新年过后的第一个星期天，巴菲特和芒格来到了麦奴家中。他们在麦奴的俱乐部吃饭，被火烘得暖洋洋的。当他们回到住所时，巴菲特提起了购买事宜，他代表蓝筹公司出价 3000 万美元。

“不行，太低了。”麦奴不同意。

“3200 万美元。”巴菲特提高了价格，但麦奴还是摇摇头。

“我想提醒你 1976 年《布法罗新闻晚报》的税前收益只有 170 万美元。”芒格向来在谈判中唱红脸。

“我也想提醒你，《布法罗新闻晚报》的日发行量是它的竞争对手的 2 倍，广告额要多出 75%。”麦奴的态度也很强硬。

巴菲特止住芒格，拉着他一起离开了那个房间。过了一会儿，两人一前一后地回来，芒格一句话没说，只在一张黄色法律用纸上龙飞凤舞地写下了正式出价：3250 万美元。

“差不多了。”麦奴点了头。

合同很快签订，这是他们迄今为止最大的一笔交易。

巴菲特和芒格立刻飞抵布法罗，考察报纸情况。他们发现竞争对手《信使快报》的发行量与晚报之比为 1:4，但能靠近万份的周日版来维持平衡。

“这种平衡状态应该打破，没有周日版，《布法罗新闻晚报》会失去统治地位，而且可能会逐渐走下坡路。”芒格直率地说。

“不错。苏珊常说她不介意我是全国倒数第二个理平头的，但我要是成了倒数第一，她可受不了。”

巴菲特幽默地对朋友咧咧嘴说：“我想咱们在布法罗的下一步行动是很明白的。”

不久，巴菲特就以董事长的身份开始筹划晚报的周日版，领导手下绞尽脑汁地设计方案，并乐在其中。但是布法罗人担心当地萧条的经济状况经不起两家报纸的殊死搏斗，纷纷预言总有一家报纸会被挤垮。

《信使快报》也明白这一点，发起了惊人的攻击。它控告《布法罗新闻晚报》有垄断意图，要求禁止它的周日版在11月13日的首次发行。

1977年11月4日，来自伊利湖的暴雨即将来临的时候，巴菲特站到了联邦法庭上。他神情泰然，衣服皱巴巴的，怎么看也不像个富翁。

整个长廊上挤满了《信使快报》的雇员和他们的家人，等待着决定他们生计那一刻的到来。对他们来说，这个来自奥马哈的百万富翁是条毒蛇。

控方律师发起了猛烈进攻，巴菲特则平静地回答他的问题，小心翼翼地避开种种圈套。他只是不动声色地提供事实，什么也不能激怒他。

“你为什么要学《信使快报》发行周日版?”

“你们都觉得《信使快报》已经发行许多年头了，独此一家，可人们的习惯力量是很强的。每天早上我刮胡子都先刮同一边，穿鞋都先穿某只脚。人是习惯性的动物，他们多年来使用的产品是有很大优势的。”

“那么你是否想过出版周日版可能使《信使快报》停业?”

“没有。”

“从来没有吗?”

“我想《信使快报》的日子还长着呢!”

控方律师终于让对手上钩了。他走向审判席，手里挥舞着一份最近《华尔街日报》上关于巴菲特文章的复印件，大声朗读了其中一段，证明巴菲特其实一直有垄断报纸的念头。

“沃伦把拥有一家垄断的或主导市场的报纸比作拥有一座不受约束的收费桥梁，然后可以随意提高价格，要多高有多高。”

这引用的是巴菲特朋友的话。一刹那间，全庭上下交头接耳，议论纷纷。这个收费桥梁的比喻太形象了，正是他童年的梦想，人人都知道它是怎么一回事。

法官的判决是允许周日报出版，但严格限制了它的推销工作。

两家报纸全力展开了古老的新闻战，但在争夺星期天霸权的战斗上，晚报由于这场官司蒙受了巨大的经济损失。1978 年《信使快报》每个周日都比《布法罗新闻晚报》多发行10 万份。这一年，《布法罗新闻晚报》的税前损失达 290 万美元。

1979 年，纽约联邦法庭推翻了对《布法罗新闻晚报》的禁令和歧视诉讼，还巴菲特以清白。但在此期间，明尼波利斯之星暨论坛报业公司买下了《信使快报》，《布法罗新闻晚报》又面临着对抗另一位外地大富豪的持久战。这一年，《布法罗新闻晚报》创纪录地损失了 440 万美元，这是巴菲特和芒格遭受的第一次大损失。

但巴菲特并没有武断地强令挽回经济损失，而是全力以赴地进行反击。“我们力争比别人有更多的新闻，”他对所有人说，“如果他们有 7 页的体育新闻，我们要比他们更多。让所有的传统做法见鬼去吧!”

他请来《奥马哈太阳报》的出版商利普西坐镇布法罗；他频频会见大的广告商和零售商；他支持发行系列版和竞争……总而言之，他做了能做的一切。

“沃伦，这回我们似乎挖了一个永远也填不平的坑。”芒格向他抱怨。

“没办法，我们已经欲罢不能了，只能咬牙坚持下去。”巴菲特镇定地回答。

事实上，由于伯克希尔—哈撒韦公司的股票价格在1977年开始反弹，卖到了每股132美元，巴菲特的资产达到了7400万美元左右，但其中有一半已经投在了《布法罗新闻晚报》上。

关键时刻，《布法罗新闻晚报》又面临着与工人的新危机。1980年底，送报的卡车司机们要求增加人手以及不工作的时候也拿钱，巴菲特拒绝了他们的要求。那是12月份的一个星期一晚上。

在另一工会负责人希尔调解无效的情况下，星期二早晨6时，司机们开始游行。在纠察队的干涉下，报社工作全部停止。《信使快报》大受其益，登出了罢工的联名呼吁。布法罗到了最可怕的一刻。

报纸总编赶到办公室时，发现巴菲特孤独地站在窗边，注视着窗下喧闹的游行人群。

“我们得想办法赶紧复工，否则就得关门大吉了，损失的市场占有率会要了我们的命。”他对着巴菲特的背影焦急地说。

“可一旦我妥协，其他12个工会也会跟着来。”巴菲特低声回答。

“现在是我们两家报纸竞争的紧要关头，我们不能冒这个险。”总编指出事情的另一关键之处。

“所以他们才以为我一定会妥协。”巴菲特慢慢地转过身，总编发现他面色严肃，没有了往日的笑容。“但我恰恰敢冒这个险。”巴菲特缓缓地说，一颗豆大的汗珠从他额角悄悄淌了下来。

他快步走到办公桌前，拨通了工会谈判代表的电话，一字一顿地表明了自己最后的立场：“如果报纸不出版，我就不发工资，并解雇全体员工。如果司机们影响了最重要的周日版工作，我宁可取消周日版！”

电话那头的人一字不漏地转达了巴菲特的话，他“言必信，行必果”的一贯作风让所有人都感受到这番话的分量。

“不管你们要争取什么，都别做得太过火了。”其他工会领导人提出了善意的劝告。司机们体面地让步了。

星期二下午，大街小巷上又看到了《布法罗新闻晚报》。

5 年后，巴菲特买下该报后的税前损失已达 1200 万美元。布法罗盛传着会有一家报纸倒闭的消息，问题在于是谁先熬不住。

1982 年 9 月，《信使快报》倒闭了。《信使快报》关门的那一天，《布法罗新闻晚报》改名为《布法罗晚报》并开始发行晨报。6 个月内，它的发行量就增至 36 万份，充分显示了它劫后余生的读者率和垄断地位。

报社在无竞争的第一年的税前盈利就达到 1900 万美元。至 20 世纪 80 年代后期，该报年盈利为 4000 万美元，比巴菲特在蓝筹公司和伯克希尔公司的总投资还要多。巴菲特的循环投资正在变得越来越强劲有力。

20 世纪 70 年代后期，巴菲特陆续搞了一批投资。当股市疲软时，他兴致勃勃地用伯克希尔保险公司的大量流动资金来买股票，而且是大批买进。有关巴菲特买某种股票的消息能使股价立刻上涨 10%。

一次，他的股票经纪人闯进办公室，气恼地向他抱怨：“昨天我们刚刚开始收购‘通用食品’，今天它的股价就升得像长了翅膀一样！”

芒格从卷宗、报表中抬起头，大声诅咒道：“这帮狗娘养的又在跟进了。”

“嘘！”巴菲特止住他，接起铃铃作响的电话：“对，是我！什么？通用食品？不，我对这只股票没什么兴趣。现在股市低迷，我不会轻易买进的。”

挂上电话，他轻松地坐进转椅：“着什么急？我们需要的只是耐心等一等，等别人都抛出，股价回落时再重新购买好了。”

多数人不可强求的股票就不要理它，而一旦看中某种股票就义无反顾地买下。巴菲特自己就是这么干的。在买下大都会公司后，他有整整3年没买过一股股票。但当他盯上可口可乐后，他拿出了伯克希尔公司市场价值的1/4左右。

巴菲特有一次去商学院讲课，学生们纷纷追问他投资的秘诀，可当他详细讲解了这种原则后，又没有人真的肯相信和身体力行。

“巴菲特先生，你能做到这些是因为你有过人的天赋，可我们只是普通人啊！”一名学生这样抱怨道。

“那你就错了。这不需要正式的教育，也不需要高智商，要紧的是气质。”巴菲特回答。

“让我们来做一个小游戏吧，”他说，“如果你们每个人都可以得到班上某位同学将来收入的1/10，你们愿意选谁呢？请你们随便挑选，并写下选择的理由。”

学生们立刻兴奋起来，一阵忙乱后，答案都汇集到巴菲特手中。他大声念出被选中率最高的几位同学的名字，微笑着问：“这些人是你们班上最聪明的吗？”

“不是。”学生们不约而同地摇摇头。

“那么你们为什么选他们呢？”巴菲特此时极像当年格雷厄姆那样循循善诱。

学生们静默了，每个人都在想着这个问题。

巴菲特按了按那一叠答案，说：“我总结了一下，发现你们的理由大多集中在下面几点上：忠诚、有活力、有原则、有头脑。”

“而最要紧的是对自己判断的信心，这样才能保持冷静，免得乱了手脚，”巴菲特结合自己的经验，总结道，“如果你认识到了某种股票的价值，那么它下跌的消息就不会引起你的恐慌。”

“那么你做到这一点了吗？每次投资前你都完全相信你选中的股

票吗?”另一个学生问道。

巴菲特认真地想了一下，回答：“是的。即使市场连续几年处在崩溃边缘，我也为拥有自己的股票而自豪。这并不特别，人们住的房子并没有每天的报价，可大多数人并不会为担心它的价值而失眠。好股票就像你住的房子一样。”

巴菲特做的大多数事情，如年度报告、搞调查，小投资者们也能干。但他发现很多人却喜欢把事情弄复杂，要么想一口吃成个胖子，要么永远不吃。

可口可乐是一家享誉世界的饮料公司，世界上一半的碳酸饮料都是由可口可乐公司销售的，这一销量是它的劲敌百事可乐公司的3倍。

早在1950年，可口可乐的广告就上了《时代》杂志的封面，标题为“世界和朋友”，并画了满脸快乐、干渴难忍的地球正在狂饮可口可乐。

但就在1980年的一天，可口可乐公司的管理人员突然发现有一个神秘的人物，在大规模地吃进公司的股票。当时，美国股市正经历一段萧条，可口可乐的股价比萧条前减少了25%。在这种情况下，吃进的数量非常巨大，这令可口可乐公司的董事长戈伊兹亚塔和总经理凯奥警惕起来。

戈伊兹亚塔说:“真是奇怪，这个神秘的人到底是谁？他想干什么?”

凯奥也皱起了眉头，思索这个神秘人物的用意。此时两人显然都担心神秘人物控股公司，可能会给公司的管理层带来变动，那非常不符合两人的利益。

凯奥说:“也许我们应该从股票经纪人入手，调查一下这位神秘的人到底是谁?”

很快，股票经纪人的资料摆在了戈伊兹亚塔和凯奥两位可口可乐高管的面前。看到资料后，戈伊兹亚塔和凯奥得出结论：“他是中西部一带的人。”

戈伊兹亚塔看着凯奥说：“但中西部谁有这么大的实力，吃进这么多可口可乐？”

“沃伦·巴菲特！对，一定是他！”凯奥叫了起来，“只有沃伦和他的伯克希尔公司才有如此雄厚的实力。我要立刻给沃伦打电话，问他有何企图。”

其实，说起来，这位可口可乐的总经理凯奥还曾经是巴菲特的老邻居呢！

戈伊兹亚塔也立刻明白了，并同意了凯奥的举动。

电话打通了。经过简单的寒暄后，凯奥迫不及待地问道：“嘿，老伙计，你已经是闻名世界的股神了，怎么还对我们的可口可乐感兴趣？”

“哈哈！”听了凯奥的话巴菲特大笑了起来，并愉快地说，“我非常喜欢你们的饮料嘛！我可是从5岁起就帮你们销售过饮料的。”

凯奥虽然笑着听巴菲特在开玩笑，其实内心已经有些着急了，因为他更为关心巴菲特的真正意图。于是，凯奥问道：“老朋友，看在多年交往的份上，你给我说句实话吧！你吃进可口可乐的真正意图是什么？”

听到这话，巴菲特严肃了起来，因为他明白他的投资行为如果要共赢就需要凯奥等老朋友的支持。“请你放心，也请你转告戈伊兹亚塔，我只对投资利润感兴趣，对管理公司绝对没有兴趣。”

凯奥放心了，他又问道：“沃伦，这么说你笑着看好可口可乐的股票了？”

“对！在此之前我已经认真研究了你们的可口可乐，我对可口可乐的前景很看好！”巴菲特回答道。

看到凯奥放心了，巴菲特也提出了自己的条件：“老朋友，我消除了你的顾虑，作为交换的条件，你是不是也应该为我做一些事情？”

“当然，”凯奥轻松地说，“说吧！只要你不对上面说的作出变动，我这个总经理非常乐意为你这位大股东效劳的。说说你的条件吧！”

巴菲特说：“我的条件很简单，就是在没有公开前你对我的投资行为保持沉默。”

“一言为定！”凯奥爽快地回答道。

其他投资者对此毫不知情，自然为巴菲特的买进提供了便利。就这样，巴菲特在凯奥等人的默许下，偷偷地吃进可口可乐公司的股票。

至第二年春天，巴菲特已经对可口可乐公司投进了10.2亿美元，买进了可口可乐7%的股份，平均价格为10.96美元一股。

在以后的岁月里，巴菲特继续吃进并长期持有可口可乐公司的股票，他自己也坦承自己最喜欢的股票是可口可乐股票，在伯克希尔公司的诸多股票中，可口可乐的份额也是最大的，因为可口可乐为巴菲特带来了非常多的投资回报。

1983年，美国的经济增长恢复到了正常水平，股市重新复活，华尔街又恢复了昔日的繁荣与兴盛。

伯克希尔持有的股票中，《华盛顿邮报》买进时的中间价为5美元，现在蹿至73美元；阿弗利亚特买进时为5美元，年底收盘价为38美元；国际公众广告公司从6%涨至52%；GEICO则翻了39倍……昔日一文不名的伯克希尔拥有了13亿美元的市场股票。

伯克希尔公司自己的股票那年也看好。开盘时为775美元每股，到年底收盘时已涨至1310美元，巴菲特的身价也因此涨到6.2亿美元。用《福布斯》的话说，他现在是全国最富的人之一。

在奥马哈，已经有50人因为巴菲特而成为百万富翁，在全国则有好几百。当他去哥伦比亚商学院讲投资学时，有200名热心听众被拒之门外，房子已经装不下了。奥马哈的一位股票经纪人久慕巴菲特之名而无缘相见，便在妻子即将分娩时，拿了份《财富之王》的复印件给妻子大声念有关巴菲特的章节，好像要以此胎教来提高未出世儿女的智商。

至1986年，伯克希尔的股价已突破3000美元。在21年的时间里，沃伦·巴菲特把一个小纺织厂的碎渣变成了黄金，股票翻了167倍，而同时期的道琼斯只翻了一倍。整条华尔街对他是又敬又怕。当他告诉范妮梅的主席大卫·麦格斯韦说他对他的公司进行了投资时，麦格斯韦激动得想跑到窗前对外大喊：“沃伦·巴菲特买了我们的股票！”

《福布斯》杂志称他为“神话般的英雄”；而头条新闻的作者们则称他为“迈达斯”（即希腊神，据说会点石成金术）、“巫师”、“奥马哈来的智者”和“奥马哈神”。

到伯克希尔—哈撒韦公司的年度会议时，巴菲特的神话传说就会达到顶峰。

其他公司的年度会议几乎连一个股东也吸引不了，因为那是浪费时间。而1986年时，来奥马哈参加会议的股东共有450人，巴菲特不得不租下陵墓般巨大的乔斯林艺术博物馆作为会场。股东们从全美各地潮水般涌来，拿着巴菲特的报告，像鸟儿一样塞满了奥马哈。

有一位来自密西西比的财政计划人梅德利，是巴菲特的忠实信徒。他的妻子吃惊地问他：“你花1000美元到内布拉斯加，只是为了听人讲话？”要知道，梅德利只有一股伯克希尔公司股票。“我也许是有点儿疯狂，”他承认，“可你是个忠实的教徒，你常去教堂，巴菲特对我就有这么大的吸引力。”

梅德利在博物馆走廊里充满敬畏地见到了巴菲特。这位“奥马哈神”正在欢迎投资者。他头发乱糟糟的，穿着蓝色上衣，一条肥大的灰裤子，皮带眼的地方已经磨薄了，看上去就像一个中学篮球教练。

“嗨，詹姆斯！”巴菲特拍拍一位年轻人的肩，“哦，弥尔顿！”

转过身又拥抱住一位保险商。他热情洋溢地握住一位钱商的手，“欢迎来奥马哈，老朋友，怎么今年居然带夫人到这里，来度结婚纪念日吗？”

他喜欢看到熟悉的面孔——他认识多年的人，因他而富的人，像那个叫道·安格尔的昔日平民，现在已经有了1500万美元。

会议本身就像是一次盛典，大厅里人头攒动，笑语喧喧，桌上放着咖啡壶，桶里装满了罐装可乐——公司的官方饮料。

当巴菲特和芒格走上讲台时，人群崇敬地安静下来。台上放着可乐，像圣餐一样。“事先声明，要早走的人只能在芒格发言时走，我说的时候可不行，我会很伤心的。”巴菲特一本正经地作了开场白，引起一阵笑声。

以后的几小时内，他们毫无顾忌地谈起了年度报告，回答了关于伯克希尔公司和业务方面的问题。巴菲特的情绪和在场听众一样越来越高，眉毛简直在脑门上跳起了华尔兹舞，还时不时用个小故事来说明道理，幽默轻松，就像在夏日午后与友人闲聊一样。

“巴菲特先生，您有什么管理技术可以推荐给我们吗？”台下有人高声在问。

“啊，我曾经听说有一个陌生人想和当地人交朋友，他走到村子的广场上，看见一位老头，他小心翼翼地看着老头脚下的那只狗问：‘你的狗咬人吗？’

“老头说：‘不。’于是他弯腰拍了拍那只狗，狗扑上去，很熟练地咬下他的袖子。

“陌生人生气地问老头：‘你不是说你的狗不咬人吗？’老头说：‘那不是我的狗。’”

哄堂大笑声中，巴菲特举起一个指头，意味深长地说：“这就是我的技术：问对问题是很重要的。”

“巴菲特先生，我最近想搞一个经纪人保险业务，您有什么诀窍可以指点于我吗?”一位千里迢迢飞来的保险商终于抢到了发言的机会。

“我对具体业务可不大在行，不过不知道你喜不喜欢打扑克?打牌时总有一个人要倒霉的，如果你环视四周却看不出谁要倒霉，那倒霉的就是你自己了。”巴菲特的回答很简单，但含义深刻。

保险商与其他听众一起频频点头。不要承担你不懂的经纪人风险模式——他们都已接受了巴菲特的这份警告。

“最后一个问题，”又一个股东争得了宝贵的机会，“您的健康状况一直是我们关心的问题，巴菲特先生。我还想多买一些伯克希尔公司的股票，但不得不考虑您个人会发生某些事，我可承受不了意外风险!”

巴菲特笑着用双手止住台下的巴掌声和口哨，幽默地回答：“我也承受不了。”

与会95%的股东至少持有股票5年了，其中多数人把积蓄都转到了这种股票上，这种忠诚在华尔街上是独一无二的。他们对它如此依恋，简直到了宗教信仰的地步。

巴菲特就是他们的神。他们仔细注意他的每个手势，仔细聆听他的每句话，好像可以把它们拖起来挂在墙上一样。他们都美滋滋地认为自己也有那么点荣耀——即使自己不是天才，至少他们发现了天才。

迈向财富之巅

1987 年，春夏两季，股市正处于牛市全盛期，道琼斯指数让人大开眼界地一路狂涨至 2700 点，许多人从牛市中大发横财。尽管伯克希尔公司股票又创造了新纪录，即 4270 美元，但巴菲特却未卜先知似地决定提前退场了。

他静悄悄地卖掉了大多数股票，甚至一批马上就要分红的股票，只保留了“永久”的三种：大都会公司、GEICO、《华盛顿邮报》。他的助手说：“命令很明确，把一切都卖掉。”

这回他的预测准吗？他的直觉还灵验吗？

牛市已经持续 5 年了。从 1987 年 1 月 1 日至 8 月达到最高点 2722.4 点，道琼斯惊人地增长了 44%，股价达到了历史上最不稳定的水平——利润的 22 倍，人人都被冲昏了头脑。

但现实逐渐揭开了面纱，通货膨胀的苗头开始出现，贸易赤字居高不下，美元汇率急剧下降。证券市场从 10 月初开始向下猛跌。

10 月 19 日星期一，市场堆满了出售表。由于 30 种道琼斯平均工业股票中有 11 种在交易开始后一小时内就不能开盘，中午时分，证券保险售出程序自动启动了。门显得太少了，不能保证所有人都能挤进股票交易大厅。高耸入云的股票像做自由落体运动一样重重地跌了下来。

黄昏时分，恐慌终于发展成了大崩溃。

波士顿投资公司外面等待变卖股票的人排成了长龙；纽约的金融中心则比平常安静了许多；洛杉矶报纸上刊登着各种“歇斯底里”的消息……人们都待在办公室里紧盯着计算机显示屏，“黑色星期一”成了现代社会里的第一次历史事件。

它无所不在，并没有具体的震源中心。大家只知道道琼斯跌了508点，或者说是22.6%。

伯克希尔公司经过22年的辛勤经营，现有资产近50亿美元。在大崩盘发生前一周，它的股票卖到4230美元；16日星期五的收盘价为3890美元；在疯狂的星期一，它跌到3170美元。看上去似乎一切都没变，可在一周内市场价值就减少了25%，一代人的成果有1/4消失了。

尽管事先已清空了所有股票，但巴菲特所有的损失还是达到了3.42亿美元。他仍可能是全美为数不多的没有密切关注经济崩溃的人之一。

他的一名手下惊慌地冲进来，着急地问：“伯克希尔公司现在怎么办，我们是抛还是买？”

“买。”巴菲特平静地给出一个字的简洁答案，又低头埋进书中。

他像往常一样在办公室里平静、悠然地读书、看年度报告，墙上贴着一张关于1929年股市大崩溃的报纸。

两天后，巴菲特和研究生同学们一起聚会在威廉斯堡。市场仍在动荡不安，但他们仍然置之不理。

“沃伦，沃伦，”一位财经记者一直缠着巴菲特不放，“对你而言，这次崩溃到底意味着什么？”

“也许是市场升得太高了。”巴菲特轻描淡写地回答。

“可是我听说你已经成功预见到这个大崩盘，并将自己的损失减低到了最小。”

“我不是在预测，”巴菲特认真起来，严肃地回答，“我只是遵守了两条宝贵的规则：一是永远不要损失；二是永远不要忘记第一条。”

1988年10月的一个周日傍晚，巴菲特在奥马哈家中接到古特弗伦德的电话，他正与所罗门的几个银行家待在第五大街的公寓里。

“沃伦，好消息！上星期五，雷诺烟草公司的老板提出让我单独收购他的公司。”

“哈哈，一笔大交易！”巴菲特不置可否。

“可消息一露出去，华尔街的其他银行也都想插一手。你是所罗门的董事和大股东，你支持我们投标吗？”

“我很早就说过，经营权是属于你们的。”

所罗门的高级投资银行家接过话筒开始向巴菲特解释烟草公司的优势，话筒里却传出巴菲特急促的中西部口音：“别跟我谈经济学。我知道情况很好：你花一分钱生产的产品可以卖到一美元；买主都很有病，他们对这个牌子也情有独钟……你把电话给古特弗伦德，问他到底还有什么问题。”

古特弗伦德照直说了：“伯克希尔愿意自己出1亿美元以普通伙伴的身份参加这笔交易吗？”

“这个——有点儿问题，”巴菲特犹豫了一下，“我不想在烟草业中充当什么主角或合作伙伴。”

几分钟时间，协议达成了。巴菲特支持所罗门参与投标，但不想直接参与。

但银行家们不知道，巴菲特讨厌烟草业，却不反感从烟草交易中赚钱。几天前，他就已经开始大量购进雷诺烟草公司的股票。尽管所罗门最后没有竞买成功，但雷诺烟草公司250亿美元的成交价却为伯克希尔公司带来了丰厚的赚价差，即6400万美元。

巴菲特的投资还涉及金融领域，其中购入威尔斯法哥就是一个例子。

1990年，威尔斯法哥以每股高价86美元上市，由于投资人担心经济不景气会蔓延到西海岸，导致对商业区和住宅区的不动产市场的大量贷款损失。

由于威尔斯法哥是加州地区银行业中拥有最多商业不动产的一家

银行，因而人们纷纷抛售，并有人估控该股，导致股价下跌，威尔斯法哥股票在当年10月的卖控收益高达77%。

在这种情势下，巴菲特见时机成熟，开始陆续购进威尔斯法哥的股票。几个月后，伯克希尔公司已掌握有威尔斯法哥银行流通在外的10%股份，成为该银行的第一大股东。

巴菲特的介入，导致了围绕威尔斯法哥银行股票走势的一场争议。在巴菲特一方看来，他介入持股是看好该股，因此，他投入2.89亿美元，为的是它日后的成长。

而在控该股者一方看来，威尔斯法哥是死定了。摩根斯坦利公司一位有影响的分析师巴顿认为，威尔斯法哥股价最终会跌到只剩10%以上的价格。

当时得州由于能源价格下滑而导致银行倒闭的事给人们的心理预期蒙上了阴影，乔治·沙劳认为“加州有可能会变成另外一个得州”。弦外之音是对威尔斯法哥的情形不容乐观。

在贝伦的一位名叫约翰·利西欧的业内人士也表示：“巴菲特无须担心谁在长期挥霍他的金钱，只要他一直试着去买低谷价位的银行股。”

很明显，在当时的议论中，几乎所有的舆论都看淡威尔斯法哥，甚至有人开始教巴菲特，如何在他最熟悉的行业之一银行的投资了。

而巴菲特之所以选中威尔斯法哥银行投资，是有他的道理的，因为他有自己了解到的威尔斯法哥信息，更有对信息的准确判断。

巴菲特了解到，1983年，卡尔·理查德出任威尔斯法哥公司董事长，他是一个深具理性兼睿智的人。走马上任后，理查德决心不惜血汗，要把死气沉沉的银行来个根本转变，使之变成能赚钱的大企业。

在理查德的努力下，1983—1990年的7年间，威尔斯法哥的平均获利是13%，而且平均股东权益报酬率是15.2%。1990年，威尔斯法哥以560亿美元的资产，排名为美国的第十大银行，充分显示出了理查德的管理水平。

尽管理查德尚未着手股票回购或发放特别股利的计划，就已经使股东们获利了。

巴菲特在1990年买进这家银行的股权时，该银行是国内任何主要银行中，对商业不动产放款最高的银行，总额高达145亿美元，是它股东权益的5倍。

由于当时加州的经济不景气状况正在恶化，因此，分析师推算银行的商业放款中，有一大部分将成为呆账。正因有此预计，才导致了威尔斯法哥股价在1990年和1991年的下跌。

也就是在当时，美国发生了一件震动金融界的事情，那就是美国联邦储贷保险公司的倒闭。此时，金融检查人员认真地分析了威尔斯法哥银行的贷款投资组合情况，迫使银行在1991年拨出13亿美元作为呆账准备，1992年度再提列12亿美元作呆账准备。

因为准备金是每月拨出，投资人开始对每次的提列金额感到紧张。按规定银行并非一次足额提列放款损失准备金，而是在两年内慢慢提列，但投资人对于银行是否能撑到它的放款问题得到解决的时候表示怀疑。

1990年，由于巴菲特宣布他拥有威尔斯法哥股权后，股价在1991年初明显上扬，达到98美元一股。这为伯克希尔公司赚取了2亿美元的利润。

但正如巴菲特事后承认的那样："我低估了加州的不景气和那些公司的不动产问题。"果真在1991年6月，当银行宣布另外一笔放款损失准备的提取时，银行股票两天之内下跌13美元，成为每股74美元。

虽然股价在第四季度略有回升，但由于威尔斯法哥必须为它的放款损失再增拨另一笔准备金，这明显将使盈余减少，因此到年底，该股以58美元一股收盘，这与1990年10月伯克希尔以平均每股57.88美元买进的价位基本持平。

威尔斯法哥银行1990年赚了7.11亿美元，但1991年由于提列呆账准备，只赚了2100万美元，1992年虽然达到2.83亿美元，但仍小于它前两年的盈利水平。

但反过来说，如果加上呆账准备金，那么该银行仍有每年赚进10亿美元的盈利能力。

巴菲特为伯克希尔公司建立了一个理性购买模式，他认为："加州银行所面对的主要风险是地震，除了危及贷款者，也破坏了借款给他们的银行，它所面对的第二个主要风险是系统性的，包括一些企业萎缩的可能性或严重的财务恐慌，以致不论经营者多么精明地管理它，它几乎仍会危及每一个靠高负债运作的组织。"

巴菲特的判断使他觉得发生这两种重大风险的可能性不高，但他仍然认为："市场最惧怕的莫过于西岸的不动产值将会下挫，因为房屋兴建过剩，而且会造成提供融资扩张的银行极大的损失。因为威尔斯法哥银行是不动产贷款的领导业者，它被认为尤其容易因此受到伤害。"这将是一大风险。

为此，巴菲特计算出威尔斯法哥银行每年在支付平均3亿美元的贷款损失费用之后，仍赚进10亿美元的税前盈余。如果480亿美元的贷款里，不只包括商业性的不动产放款，也包含了其他所有银行放款，其中10%是1991年的问题放款，并因此产生损失，包括利息损失，平均为放款本金的30%，则威尔斯法哥会达到损益平衡点。

但这种情况发生的可能性很低，即使威尔斯法哥一年没有赚钱，这想法也不会令人沮丧。而伯克希尔公司的收购或投资方案，是立足在该年未赚取分文，但预期未来它的股东权益可能成长20%的企业。

巴菲特收购威尔斯法哥的股权，还有另一条理由是，他信任理查德。

巴菲特认为自己的眼光没有错。1992 年伯克希尔公司继续买进威尔斯法哥银行股票，使持股增至 630 万股，占威尔斯法哥总股本的 11.5%，然后又利用自联邦准备局拿到的清算超额准备金，再买进该银行股票，使持股增加到 22%。

巴菲特的坚持再一次获得了成功。1993 年 11 月，伯克希尔公司以每股介于 106 美元和 110 美元之间的价格继续买进该股票。至当年年底收盘，威尔斯法哥的股票已涨到每股 137 美元。

这场争议巴菲特以投资不断盈利的事实为之画上句号，也又一次雄辩地证明了他的投资理念和方法是经得起考验的。即便是大多数人反对和风险降临，而且几乎动摇人们信心的时候也是如此。

巴菲特赞赏卡尔·理查德，表明他挑选银行投资，是挑选经营者最好的银行。他说："我不想吹嘘威尔斯法哥的股票或任何事，我只是认为它是真正的好企业，有最好的经营者，价格也合理，通常就是这种情况，投资人可以赚得更多的钱。"

20 世纪 90 年代，巴菲特率领下的伯克希尔公司大举收购迅速扩展。在 20 世纪 90 年代的收购行动中，不少人对巴菲特收购通用动力公司的股权感到困惑。

原来，这家公司既不具有巴菲特以往认定的被收购公司所应有的特质，甚至也不具有经营良好的历史记录，那么巴菲特为何会作出这项投资决策呢?

美国通用动力公司在全美乃至全世界都是名声赫赫的企业，它是美国主要的军事工业基地之一，是美国核潜艇的领导设计者、建造者以及装甲车辆的制造者，其产品包括美国陆军的 MIA1 和 MIA2 战车。

1990 年，通用动力公司是仅次于麦道公司的美国国防承包者。它为美国提供飞弹系统、防空系统、太空发射器和战斗机。"F-16"当年的销售总额超过 100 亿美元。

然而，通用动力公司的辉煌终究有低谷的时候。自 20 世纪 90 年代柏林墙倒塌、苏联瓦解、东欧易帜后，全球政治经济态势发生了很大变化，长期冷战政策的结束必然引起世界政治经济格局的变化，而世界第一号军事强国美国，也面临军事工业的重整，也是必然结果之一。

1991 年，威廉·安德森出任通用动力公司总经理，当时通用动力的股价处于 10 年来的最低点，即 19 美元。

当时，威廉·安德森了解由于国防工业面临的基本形势的变化，为了企业的生存，他采取了一系列改革步骤。在近半年时间里，通用动力通过出售非核心部门企业，增加了 12.5 亿美元现金的收益。

安德森此举引起华尔街的注意，通用动力的股价也因此上扬了 112%。

安德森在充裕的现金基础上，宣布首先要满足通用动力的流动资金需要；其次是降低负债以确保财务实力。对于仍然多余出来的现金，安德森决定为股东造福。

1992 年 7 月，依据标购游戏的规则，通用动力按每股 65.37 美元至 72.35 美元之间的价格，回购了它流通在外约 30% 的股份共 1320 万股。

安德森的这个大胆高明的举动，引起巴菲特的兴趣，他亲自打电话给安德森，告诉他自己购买了 430 万股通用动力股份。巴菲特说："我对通用的经营策略有深刻的印象，我买股票是为了想投资。"

两个月以后，巴菲特又宣布，只要安德森保留有公司的总经理职务，通用动力的董事会将拥有伯克希尔公司股权所代表的表决权。

巴菲特的这个决定对威廉·安德森来说，不仅使他终生难忘，而且增强了安德森改革的决心。

对于这样的一个企业，持不同意见的人认为巴菲特的投资决策是否有误，因为这是一家被政府控制，90% 以上业务来自政府机构，而且国防工业市场正在日趋萎缩的企业。通用动力公司只有少得可怜的收益和中下等的股东权益报酬率。除此之外，它未来的现金流量也是不可预知的。

对此，巴菲特是如何想的和做的呢？

1993 年，巴菲特对此事解释说：

在购买通用动力股票一事上，我们是幸运的。我直至去年夏季才稍微注意公司的动向。当它宣布公司将透过标购，买回大约30%的股票时，我就料到会有套利的机会。我开始为伯克希尔公司买进该公司的股票，希望赚得微薄的利润。

很明显，因为巴菲特知道这是为套利而购买股票，所以不适用伯克希尔投资股票的原则，包括财务和营运表现的一些条件。

但是，为什么从套利出发后来又变成为对该股的长期持有者呢？

巴菲特说：

后来，我开始学习了解公司的经营情形，以及威廉·安德森担任通用动力公司总经理以后的短期表现。我看见的事情令我眼睛为之一亮。他有一个条理井然的理性策略；他积极实现其想法，而那成果真是丰硕。

正基于此，巴菲特不但抛弃了原先套利的“短炒”的想法，反而决定变成长期持股，应该说这是一记胜招。

事实证明，巴菲特这项决策是对安德森是否能够抗拒盲从同业不理性行为的一大考验。就在那时，一些人已批评指责安德森解体了一个公司。但是，安德森则辩解说，他只是将公司的未实现价值转换为现金而已。

在巴菲特的支持下，安德森的工作确实取得了成效。

当安德森1991年就任总经理时，通用动力公司的市价是账面价值的60%，而且那时，相对于其他10家国防工业公司的17.1%的年平均报酬率，通用动力为它的股东创造了9.1%的年复利报酬率。

面对困境，巴菲特认为，很少有这样的一家公司，以低于账面的市价交易，并产生出现金流量，而且积极展开股权强制过户的方案。

此外，最重要的是，这家企业的经营者能不遗余力想方设法地为股东谋利益，这是巴菲特最为看重的管理者的素质。这使我们又一次看到了优秀管理人才，在巴菲特投资理念中的重要的地位。

安德森没有停止他的改革步伐，尽管他曾想保留飞机、太空系统作为其核心部门，但后来还是决定继续将其出售，如航空器卖给了洛克希德。通用动力公司与洛克希德和波音公司本是新一代战斗机F-22的合伙人，3家各自拥有1/3股权。后来通用动力通过转让，洛克希德取得了F-16业务，波音又取得对F-22的2/3股权；接着通用动力的太空系统又出售给了太空发射系统的创始人马丁·玛丽塔。这两项销售给通用动力公司提供了17.2亿美元的资金。

现金流量的充沛，公司再度分配股利给股东，仅1993年，4月份发给股东每股20美元的特别股利；7月份又发给股东每股18美元的特别股利；至10月又发给股东每股12美元的特别股利。

一年间，3次发给股东每股红利即达50美元，而且每季支付的股利也从每股0.4美元，提高至0.6美元。

在这种情况下，巴菲特的收益自然也是非常可观的。巴菲特和他的伯克希尔公司在1992年7月至1993年底的一年半时间中，只要投资每股72美元于通用动力股票上，即获得了每股2.6美元的普通股股利和50美元的平均特别股利。

同时，由于安德森开始清算通用动力公司的货币价值，并给予它的股东以现金股利，这对通用动力的股票投资收益，不但强过它的同行，并远胜过同期斯坦普工业指数的表现。因此，至1993年底，通用动力公司股价上扬到每股103美元。

对于外界关心的巴菲特将会持有通用动力公司股票的时间，巴菲特说："我将会在股东权益报酬率令人满意且公司前景看好，市场不高估通用动力公司的股票价值以及经营者为诚实有才干者的情况下，才会继续持有。"

话虽简单，但这正体现了一代股神巴菲特最擅长的投资基本原则。

在巴菲特的事业如日中天时，巴菲特投资以套利为目的的股票不能不令人惊讶。巴菲特居然也想玩一把"投机"，可见其投资股票时在具体操作上并非墨守成规、一成不变。

通用动力公司的成功，也说明股票投资领域方法多样性的重要，虽然这次巴菲特是以"投机入市"，但后来通过研究该股和管理层，从中又发现了新的投资价值，并决定持股和授权安德森以伯克希尔公司持股的表决权。可见巴菲特投资思想之活跃，投资艺术之高超了。

2003年，伊拉克战争已经结束，市场人士普遍看淡石油股，但是巴菲特却一掷10亿港元，先后4次增持在香港上市的"中国石油"股份。

按照规定，从当年4月1日起，持有某一香港上市公司5%的股权，就必须向监管机构申报权益。此时，人们惊讶地发现，很少投资中国企业股份的巴菲特原来持有大量"中国石油"股份，持股量累计达到11.8亿股，约占6.7%的股权。

事后人们才得知，仅在4月17日至24日短短的几个港股交易日，巴菲特即通过各种途径，斥资10亿港元，4度买入"中国石油"股份。

截至4月24日，巴菲特的持股量已经急升至13.35%，成为"中国石油"的第三大股东。

至5月，巴菲特在其股东大会后的新闻发布会上宣布，近期已成功追加了对中国石油总公司的投资，并将进一步加大在亚洲的投资力度。

巴菲特宣称："我们正在亚洲寻找合适的公司，如果那里的政策允许，我们将收购他们的股票或是购买整个公司。"

尽管巴菲特认为，在亚洲投资不论政策或市场风险都很大，但他仍向股东明确表示，"在那里允许犯错误的几率很低，但我们仍十分乐意去尝试。"

巴菲特对中石油的投资，再次使他获得了巨额回报。

2003年12月，中石油连着3天创下历史新高：12月1日中石油股价突破3港元；12月2日最高交易价格曾达到3.150港元，最后以3.075港元收盘；12月3日中石油的股价也是一路上扬，最后以3.225港元收盘。

至2003年年底，一位关注中石油股价的投资人士说："股神巴菲特又该乐开花了。"因为这期间，中石油一路走高，大股东巴菲特的这笔中国财富比购进时猛增38.6亿港元。

巴菲特的投资收益自然也引来了各界媒体的关注，中国的一家媒体就以"中石油3天飘红香港岛，股神巴菲特猛赚38.6亿"为标题，记录了2003年巴菲特投资中石油的获利情况。

在投资中石油猛赚23亿余港元后，巴菲特又瞄上了新近上市的"中国人寿"。

2003年12月30日，市场有消息称，巴菲特通过摩根士丹利，大量吸纳中国人寿的股票。受此影响，中国人寿的股价也在当天一度攀升至7.05港元，最终报收于6.4港元。

与每股发行价3.59港元相比，短短两周时间，涨幅已近80%。此前，亚洲首富李嘉诚通过旗下的信托公司大量买进中国人寿的股票而赚了个盆满钵满。

和在中石油的投资相似，这次，巴菲特又想重演"传奇"。不可否认的是，和中石油一样，中国人寿自身良好的业绩也是支撑股价上涨的重要原因。

当然，所谓美国“股神”是人而不是神，他偶尔也有后悔的时候。2007年7月份，巴菲特首次卖出持有了4年多的中石油股票，因为他一向是股票市场的风向标，所以巴菲特的此举引起媒体的广泛猜测。

仅隔一个月，股神巴菲特再度减持中石油，众多分析师表示猜不透。

香港联交所还披露，巴菲特再度减持中石油。减持发生在8月29日，减持量9265.8万股，远远超过第一次的1690万股。第二次减持时的均价只有11.473港元，比上一次的12.441港元要低。

值得关注的是，香港联交所披露的信息显示，此次巴菲特所持中石油股票从21.43亿股减少为20.51亿股。但第一次减持其所持股票是从23.30亿股降至23.13亿股。

这也意味着，在这两次减持之间，巴菲特还曾悄然减持近2亿股。由于没有达到一定的比例，这些减持联交所没有披露。

这让业界分析师非常惊讶。巴菲特第一次减持时，众多国内分析师不认为其会持续减持。因此，巴菲特减少对中石油的股票持有，引起了一些人的担忧。

然而，人们的担忧是多余的，这一次巴菲特的“风向标”作用似乎有些不灵了。

巴菲特在首度大规模减持中石油的均价为12.23港元，但在此之后，受到国际油价屡创新高、公司油气储备新发现以及回归A股等因素推动，中石油的股价一路飙升，截至8月份收市已达18.92港元。

因此有人计算，如果巴菲特所持的股份并未售出，其市值约为443亿港元，比出售套现获得的315亿港元高出约128亿港元。

因此，到了当年的10月，看到中石油股票的一再坚挺，巴菲特首度证实，已全数清仓其所持有的中国石油股份，但鉴于中石油股价近期不断狂升，令他后悔出售的时间可能早了点。

巴菲特坦率地说："如果中石油股价大幅回落，我会再买。"

虽然留下了一些遗憾，但巴菲特投资中石油无疑又赚到了一笔不小的利润。他买入中石油 23.39 亿股，斥资大约 38 亿港元。

2007 年巴菲特出售中石油时，股价介于 160～200 美元，因此，巴菲特总共获利 35.5 亿美元，约合 277 亿港元，显然这笔收入相当可观。

1994 年年底，巴菲特公司已发展成拥有 230 亿美元的伯克希尔工业王国，它早已不再是一家纺纱厂，它已变成巴菲特的庞大的投资金融集团。

当然，巴菲特的财富积累还在快速前进。从 1994 年开始，伯克希尔公司利用全美股票市场报酬率走低的时候，开始了又一轮大规模的收购行动。

当时巴菲特的观点是，只有当优良的公司被不寻常的信息包围，导致股价被错误地评价的时候，才是真正大好的投资机会。经过这一轮的大规模收购，巴菲特公司的市值似乎在短暂时间内升值有限，但为它以后的崛起奠定了基础。

随着财富的日益积累，对巴菲特的各种评价也多了起来。人们普遍认为，巴菲特给人的印象，总是那么笑容可掬、和蔼可亲，显得那么慈祥、诚恳。

有人比喻，如果说索罗斯的投资故事惊心动魄翻江倒海，充满血雨腥风、生死相搏的话。那么，读巴菲特投资的故事，就好像是品茗饮茶，于逸趣闲情时欣赏清新隽永的小品文，云淡风轻、傍花随柳，一切都是那么自然真切，甚至波澜不惊、风和日丽。

即使在金融界风云骤变的 1998 年初，这位奥马哈长者除了贵金属市场令他有兴趣外，对全球金融界人士的恐慌竟有浑然不知之感。

危机之时，巴菲特忙着在全球贵金属市场指令大量收购白银现货，由于他的介入，人们顺着他点石成金的手寻觅发财机遇，于是全球白银价格居然在肃杀的凉意中扶摇直上，创下了10年来罕见的新高。

当然，对于全世界的“巴菲特迷”们来说，每年的伯克希尔公司股东大会无疑是最令人神往的。这也可以说是巴菲特家族的一个盛会，这一天巴菲特会率领全家出动赴会。

在股东大会上，作为董事长的巴菲特在致股东们的报告中，要报告过去一年的经营情况，报告公司正在做什么，报告公司在新的一年中还将怎么做以及要这样做的理由与分析。

巴菲特的这个董事长致全体股东的信，是要给全体股东来看，即便你只有一股，也会郑重其事地寄给你。

莫小看了仅仅持有一股伯克希尔公司的股票，由于这家公司30余年来没有分过一次红，也没有扩过一次股，它的总股数仅226万股，每股净资产在1998年初已经是11000美元。

伯克希尔公司的股票从1962年的每股12美元，到后来的几万美元，这个价位虽说很高，但是也是一票难求，有行无市。

在美国持有伯克希尔公司股票已成了荣誉与身份的象征，虽说它是小盘股，但由于总市值已高达1000亿美元以上，实际是一家大公司一点不假。

因此，每年一次的伯克希尔—哈撒韦公司的股东大会，堪称“全球第一”股东大会。每一次的股东大会召开之日，都是奥马哈市的盛大节日。

为了营造更好的气氛，当地有名的几个旅馆，如红狮、雷迪逊等均告满员，股东们在这里喜气洋洋地比较着各自回报的多少，当然赢者总属于投资最多、持股最长，而且敢于重复加码的股东们。

20世纪90年代，巴菲特已是华尔街响当当的人物，世界级股坛为数极少的大腕之一。不管巴菲特平生是否拥有当个世界级富豪的鸿鹄之志，但命运之神却把他推进世界级富豪之列。

当时，世界权威的金融和财富刊物公布的世界富豪名单，一再把沃伦·巴菲特的富翁交椅往前挪动，至1998年，他已是全球富翁中的第二号人物，仅屈居于微软公司董事长比尔·盖茨之下。

1998年，应华盛顿大学商学院的邀请，巴菲特与盖茨为该校学生作了一次讲演。

人们对此的评价是："太阳系中最富有的两个人进行的极为简单的公开的对话。"因为这篇讲话中包括了巴菲特对人生、对新技术、对投资理念的最新认识与看法，而且由于有盖茨的联袂讲演，能使我们更加深对此的理解。

可以这样说，沃伦·巴菲特是天才的投资家。他奉行的是最朴素的投资理念，他对近些年由学术界发明出来的理论持不屑一顾的态度，那些时髦的理论，那些使用财务杠杆、期货、动态套头保值、现代资产组合分析等在巴菲特这里没有市场。

巴菲特不染指他不熟悉的东西，他也不理会现在教授们在课堂上讲的那些东西，他只遵循自己理解的、熟悉的并坚信不疑的投资理论与方法，从头至尾坚持执行。

当然，并非巴菲特老顽固，不思进取，如果按辩证的说法，实践是检验真理的唯一标准的这个原则，巴菲特无疑是对的，历史的、实践的结果都证明他是对的、成功的和正确的，至少在金融投资界，迄今无人能超越他。

在巴菲特的投资生涯中，避免使自己置身于股票市场的情绪冲动之外，这也是他一生步步走向辉煌的原因。

由此可见，巴菲特其人不仅是投资界公认的投资艺术家，在管理界也是名列前茅的管理艺术家，在美国经济史上，荣获这两项殊荣的只有他一人。

2008 年 3 月，《福布斯》杂志发布了最新的全球富豪榜，巴菲特由于所持伯克希尔—哈撒韦公司股价大涨，身价猛增 100 亿 ~ 620 亿美元，超过微软董事会主席盖茨的 580 亿美元成为全球首富。

就这样，这位从小就怀有赚大钱梦想的巴菲特，再一次实现了他问鼎世界首富的梦想。

热心慈善事业

从5岁就开始卖可口可乐，并以赚钱为人生目标的巴菲特只是把赚钱作为乐趣，但他并不是一个守财奴，因为他非常乐于慈善事业。

特别是进入21世纪后，巴菲特对慈善事业的捐款力度明显变大了。

对此，巴菲特解释说：

> 我一直认为，如果一个人有能力用比较快的速度聚集财富的话，那么他在20年后捐赠慈善事业比较好，因为到那时他可以为社会捐赠更多的钱；如果一个人聚集财富的速度比较慢，那么他最好现在就进行捐赠。

所以，按照巴菲特的这种理论，在过去很多年里，他很少进行慈善捐赠，因为他显然比大多数人更懂得赚钱的办法。但是，妻子苏珊的去世，让巴菲特改变了想法。

原来，苏珊一直希望巴菲特把手里的财富回馈社会，巴菲特原计划他死后由苏珊负责这笔慈善基金。

巴菲特曾经说过：“苏珊比我小两岁，一般来说，女性通常比男性长寿。她和我一直都认为，她会继承我公司的股份，并看到我们的财富对社会作出的贡献。我们都觉得，财富应该回到社会上。”

当然，子女对财产的继承观念也会影响一个富翁对慈善事业的支撑力度。在这方面，巴菲特也有自己的看法，他很早就提出自己子女将继承他财产的一部分，比例并不会太高。

很明显，这与巴菲特过去一再表示，不愿意让大量财富代代相传的想法，是相当一致的。巴菲特曾表示："我想给子女的，是足以让他们能够一展抱负，而不是多到让他们最后一事无成。"

因此，自2000年开始，巴菲特就通过线上拍卖的方式，为基金会募款。而大规模地捐献自己的财富，巴菲特无疑希望由妻子苏珊来完成。

然而，不幸的是2004年苏珊过早地去世了。巴菲特终于决定在自己的有生之年就捐出大部分的财产。

2006年，巴菲特的一项捐款活动，一举震惊了世界。

2006年6月16日，就在巴菲特宣布捐赠的10天前，比尔·盖茨就宣布，在今后两年的时间内逐步淡出微软的管理工作，将更多精力和时间投入到盖茨慈善基金会的工作上，致力于全球健康以及教育工作。

为此，盖茨夫妇已为他们的基金会捐赠近300亿美元，用于贫困国家的卫生和教育事业。盖茨进入慈善事业无疑为巴菲特的巨额慈善投资找到了好的方向。

10天之后的6月26日，75岁的美国投资家巴菲特在纽约公共图书馆签署捐款意向书，正式决定向5个慈善基金会捐出其所持有的财富：伯克希尔—哈撒韦公司股票的85%，按照当时市值计算，这笔捐赠约合375亿美元。

从那时开始，巴菲特在伯克希尔—哈撒韦公司的股份将逐渐转移到比尔·盖茨夫妇所建立的盖茨基金会等5个慈善基金会。这笔捐款创造了世界纪录，也震动了美国和全世界。

面对各界的热议，巴菲特这样评价自己的义举："我不是财富王国的热衷者，特别是当世界上60亿人还比我们穷得多的时候。"

曾有一位意大利的记者给了巴菲特另一个提议："为什么不把这笔财富捐给美国政府？"

巴菲特说："你可以选择把财产留给政府，或者通过慈善机构帮助他人。我认为，盖茨基金会从这笔财富中产生出来的益处要大于我把它交给美国财政部。”

375亿美元，相当于3000亿元人民币，这笔巨额财富巴菲特没有留给子孙后代，而是把它投向了一项更为高尚的事业，就是战胜第三世界国家的贫穷和疾病。

除此之外，巴菲特也对以其妻子命名的苏珊·汤姆森·巴菲特基金会捐赠了市值几十亿美元的股票。该基金会主要致力于生殖健康、计划生育、支持堕胎权利以及防治核扩散，这也是巴菲特本人非常关注的话题。

巴菲特还经常四处奔走，在许多大学、公司、团体举行他的仪式，讲述自己的故事，人们对他，对他的生活不知道的事情仍然很多，但他已然成为美国生活中一个独特的偶像人物。他不仅是位伟大的资本家，而且是位伟大的解释美国资本主义的人。

他教导了一代人该如何考虑业务，证明股票与垄断不同，投资也不是只凭运气的游戏。他用敏锐的市场眼光和坚守诺言这两项法宝，证明它也是一种合理的可感觉到的事业。他揭开了华尔街神秘的面纱，说它与美国没什么两样——也许是个不可捉摸的地方，但也是普通人可以理解的地方。

人们对这位股市天才充满了好奇心。经过奥马哈，经过他那座简朴的房子时总要缓步慢行，引颈侧望。

巴菲特也是人，也会犯错误，但他在很多人心中的确已成为股市神话，在那个属于他的股票时空中。

也许有人会不解，巴菲特年轻时疯狂地赚钱，然后年老时又一下子全部捐献出去，这真有点令人不可思议。但了解巴菲特的人都知道，这符合巴菲特一贯的行事作风：“理智、有创见、打破巨富捐赠财富的常规模式。”

也许从这一捐款活动中，人们能够更深刻地认识巴菲特这个一代“股神”的性格。

几十年来巴菲特有一套投资理论，这套理论使他在股市中常胜，也使他远离高科技股。

第一，他只从事长期投资，投资的绝不是概念、模式，也不仅仅是股票本身，而是真正的生意，投资能创造可预见性收益的公司。

第二，他讨厌股票期权多的股票，像高科技股，称这种股票是彩票。

第三，他认为买身边的品牌最可靠。谁做的广告多，消费者喜欢，就买谁。巴菲特的眼光一如既往。巴菲特投资成功的方略是多方面的，其中当数“集中投资”的方法最有效。很多投资者认为：不把鸡蛋放在一个篮子里才算保险，因此，他们没有集中资金，反而将有限的资金四处出击。结果手中的资金被七零八落的股票所肢解，导致手中股票不是这只股涨，就是那只股跌，一年忙到头，好的可以赚点钱，中的打平手，不好的情况下则是负增长……有的人年复一年，也不善于总结，总认为运气不好，其实这是犯了一个投资者的大忌。纵观中外股市操作成功的人都有一个共同特点：就是比较善于精心选股、集中投资，很少有分散投资能带来辉煌收益的人。这一点对于中小投资者来说极为重要。巴菲特将“集中投资”的精髓简要地概括为：“选择少数几种可以在长期拉锯战中产生高于平均收益的股票，将你的大部分资本集中在这些股票上，不管股市短期跌升，坚持持股，稳中取胜。”为此，巴菲特的大部分精力都用于分析企业的经济状况以及评估它的管理状况，而不是用于跟踪股价。

人们不得不佩服巴菲特的长远眼光，也不得不承认长期而言价值投资策略能够战胜市场。因为大牛市不可能一直持续，过高的股价最终必然回归于价值。

要知道如何正确应对大牛市，请牢记巴菲特与众不同的投资信条：“在别人贪婪时恐惧，在别人恐惧时贪婪。”“尽管组织形式是公司制，但我们将股东视为合伙人。我和查理·芒格（伯克希尔—哈撒韦公司副董事长）将我们的股东看作所有者和合伙人，而我们自己是经营合伙人。我们认为，公司本身并非资产的最终所有者，它仅仅是一个渠道，将股东和公司资产联系起来，而股东才是公司资产的真正所有者。顺应以所有者为导向的原则，我们自食其力。”

研究巴菲特的书汗牛充栋，通常都是从股票投资的角度入手。不过也有例外，比如投资经理人詹姆斯·奥洛克林的《沃伦·巴菲特传》，就从独特的视角展示了一个资本管理者、民众领导者的巴菲特。尤其是在揭示巴菲特模式的过程中，对强制性力量和能力范围的研究，发人深省。

附　录

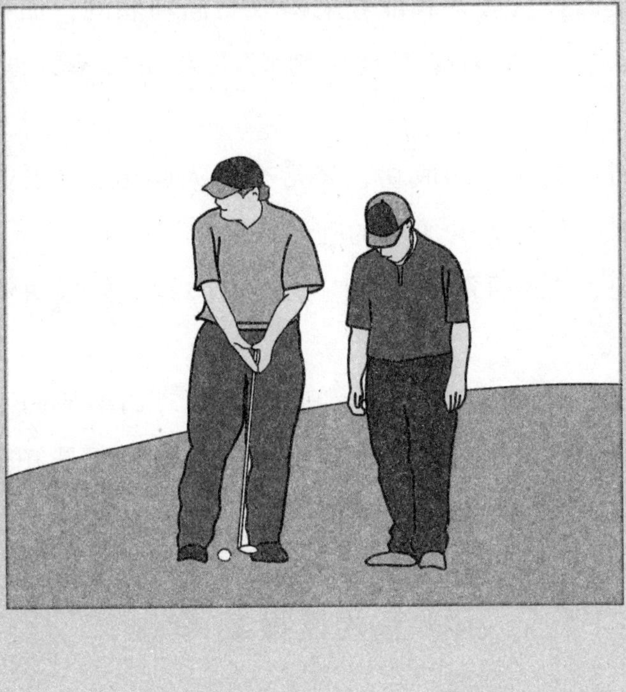

我从来不曾有过自我怀疑。我从来不曾灰心过。

——巴菲特

经典故事

果断进行决策

巴菲特是以投资股票和证券来赚取高额利润的，而投资股票和证券的成功与否，就在于能否在关键时机果断决策，低价买进高价卖出。

因此，面对巴菲特的成功，经常会有人问他：“巴菲特，你是如何决策，才取得如此大的成功的呢?”

巴菲特说：“我通常 5 分钟内就作出决策，如果决策合适，我很快就行动。”

巴菲特还补充说：“对于大多数人来说，如果他们不能在 5 分钟内作决定，他们在 5 个月内也决定不了。因为只要是好东西，别人很快就会知道，机会就会稍纵即逝。”

重视读报纸

一次，一个来自费城的七年级学生问巴菲特：“巴菲特先生，由于在学校里还有许多事情没有教，你认为我应该读些什么东西呢?”

巴菲特看了看年轻上进的小男孩，诚恳地告诉他：“你应该从读报纸开始，然后才能够慢慢接触这个世界。”

巴菲特还鼓励道：“你将会发现自己真正感兴趣的东西。你学到的越多，你想学的也就越多。”

遇事就要动脑

一天，巴菲特跟朋友们一起打高尔夫。其间一位朋友提议道："如果有人能够一杆进洞的话，我就付给那个人10000美金，但是，如果参加这个游戏的人没有打出一杆进洞，打球的人就要输给他10美金。"

在场的人一听，兴趣都来了：10美金换10000美金，这样的好事傻瓜才不去试一下。

可是巴菲特并没有头脑发热，他认为一杆进洞的几率实在太小，如果参加这个游戏，输掉10美金的可能性远远大于赢到10000美金，这种稳赔不赚的吃亏"买卖"他是不会做的。

面对大家的不理解，巴菲特解释说："这就如同街头流行的赌博，对那些去赌的人来说，每个人都希望去赢到大钱而参与游戏，而从概率上来说，大部分人都会白白地赔上自己的钱而一无所获。"

这是一个投资界都非常熟悉的故事，也是诠释巴菲特的投资理念的经典故事，在这个故事里，巴菲特清楚地告诉了人们，怎么看待短期利益的诱惑，怎么拒绝从众心理，怎么坚持自己的理性，用理智来克服贪婪，用自己有把握的能力来获取自己的那份收益。

年　谱

1930 年 8 月 30 日，沃伦·巴菲特出生于美国内布拉斯加州的奥马哈市。

1935 年，5 岁的巴菲特就开始推销可口可乐。

1941 年，刚刚跨入 11 周岁的巴菲特便跃身股海，购买了平生第一张股票。

1947 年，进入宾夕法尼亚大学学习。

1950 年，申请哈佛大学被拒之后，进入哥伦比亚大学商学院，拜师于著名投资学理论学家本杰明·格雷厄姆，并于 1951 年获得了哥伦比亚大学经济硕士学位。

1952 年，和苏珊·汤普森结婚。

1956 年，开始创立自己的合伙企业。

1962 年，合伙人公司的资本达到了 720 万美元，其中有 100 万美元是属于巴菲特个人的，巴菲特被称为百万富翁。

1964 年，个人财富达到 400 万美元，而此时他掌管的资金已高达 2200 万美元。

1968 年，掌管的资金上升至 1.04 亿美元，其中属于巴菲特的有 2500 万美元。

1969 年，当股市一路凯歌的时候，巴菲特却通知合伙人，他要隐退了。随后，他逐渐清算了巴菲特合伙人公司的几乎所有的股票。

1970 年，以后的几年间，美国股市萧条，然而巴菲特开始研究各种低价的股票。

1972 年，盯上了报刊业。

1973 年开始，他偷偷地在股市上蚕食《波士顿环球》和《华盛顿邮报》，他的介入使《华盛顿邮报》利润大增，每年平均增长 35%。

1980 年，买进可口可乐 7 % 的股份。

1990 年，买进大量银行业股票。

1992 年，以 74 美元一股购下 435 万股美国高技术国防工业公司——通用动力公司的股票。

1994 年底，伯克希尔从一家纺纱厂变成巴菲特的庞大的投资金融集团。

1998 年，伯克希尔公司完成了对美国最大的财务再保险公司——通用再保险公司 220 亿美元的并购案。

2003 年，伯克希尔—哈撒韦公司成功收购通用电气旗下再保险公司。

2003 年 4 月，以平均 1.66 港元每股买入超过 2 亿股的中石油，占中石油总股本的 1.3%。

2006 年 6 月 26 日，把 375 亿美元的股份捐给慈善基金会。

2008 年，第二次成为世界首富。

名　言

- 思想枯竭，则巧言生焉！

- 要学会以 40 美分钱买 1 美元的东西。

- 生活的关键是，要弄清谁为谁工作。

- 如果发生了坏事情，请忽略这件事。

- 任何不能永远前进的事物都将停滞。

- 风险来自你不知道自己正做些什么。

- 永远不要问理发师你是否需要理发！

- 只有在退潮的时候，你才知道谁在裸泳！

- 用我的想法和你们的钱，我们会做得很好。

- 任何一位卷入复杂工作的人都需要同事。

- 头脑中的东西在未整理分类之前全叫“垃圾”！

● 我从来不曾有过自我怀疑，我从来不曾灰心过。

● 要去他们要去的地方而不是他们现在所在的地方。

● 习惯的链条在重到断裂之前，总是轻到难以察觉！

● 成功的投资在本质上是内在的独立自主的结果。

● 人性中总是有喜欢把简单的事情复杂化的不良成分。

● 归根结底，我一直相信我自己的眼睛远胜于其他一切。

● 我始终知道我会富有。对此我不曾有过一丝一刻的怀疑。

● 哲学家们告诉我们，做我们所喜欢的，然后成功就会随之而来。

● 当适当的气质与适当的智力结构相结合时，你就会得到理性的行为。

● 我所想要的并非是金钱。我觉得赚钱并看着它慢慢增多是一件有意思的事。

● 如果你能从根本上把问题所在弄清楚并思考它，你永远也不会把事情搞得一团糟！.

● 在生活中，我不是最受欢迎的，但也不是最令人讨厌的人。

我哪一种人都不属于。

● 吸引我从事工作的原因之一是，它可以让你过你自己想过的生活，你没有必要为成功而打扮。

● 投资对于我来说，既是一种运动，也是一种娱乐。我喜欢通过寻找好的猎物来捕获稀有的快速移动的大象。

● 要赢得好的声誉需要20年，而要毁掉它5分钟就够。如果明白了这一点，你做起事来就会不同了。

● 在生活中，如果你正确选择了你的英雄，你就是幸运的。我建议你们所有人，尽你所能地挑选出几个英雄。

● 在拖拉机问世的时候做一匹马，或在汽车问世的时候做一名铁匠，都不是一件有趣的事。

● 你真能向一条鱼解释在陆地上行走的感觉吗？对鱼来说，陆上的一天胜过几千年的空谈。

● 金钱多少对于你我没有什么大的区别。我们不会改变什么，只不过是我们的妻子会生活得好一些。

● 你不得不自己动脑。我总是吃惊于那么多高智商的人也会没有头脑的模仿。在别人的交谈中，没有得到任何好的想法。

● 哈佛的一些大学生问我，我该去为谁工作？我回答，去为那个你最仰慕的人工作。两周后，我接到一个来自该校教务长的电话。他说，你对孩子们说了些什么？他们都成了自我雇佣者。

● 如果你是池塘里的一只鸭子，由于暴雨的缘故水面上升，你开始在水的世界之中上浮。但此时你却以为上浮的是你自己，而不是池塘。

● 我是个现实主义者，我喜欢目前自己所从事的一切，并对此始终深信不疑。作为一个彻底的实用现实主义者，我只对现实感兴趣，从不抱任何幻想，尤其是对自己。

图书在版编目(CIP)数据

巴菲特/信自力编著. —北京:中国社会出版社,2014.8

ISBN 978-7-5087-4755-2

Ⅰ. ①巴… Ⅱ. ①信… Ⅲ. ①巴菲特,W. -传记 Ⅳ. ①K837.125.34

中国版本图书馆 CIP 数据核字(2014)第 123997 号

书　　名：巴菲特

编 著 者：信自力

出 版 人：浦善新

终 审 人：李威海

责任编辑：侯　钰　　　　责任校对：籍红兵

出版发行：中国社会出版社　邮政编码：100032

通联方法：北京市西城区二龙路甲 33 号

编 辑 部：(010)58124865

邮 购 部：(010)58124845

销 售 部：(010)58124848　传真：(010)58124856

网　　址：www.shcbs.com.cn

经　　销：各地新华书店

印刷装订：北京威远印刷有限公司

开　　本：170mm×240mm 1/16

印　　张：13

字　　数：200 千字

版　　次：2015 年 1 月第 1 版

印　　次：2015 年 1 月第 1 次印刷

定　　价：26.00 元